일할 맛 나는 경영
경쟁력 있는 회사

Motivation
Management

일할 맛 나는 경영
경쟁력 있는 회사

오자사 요시히사 지음 ㅣ 현창혁 옮김

최강의 조직을 만드는 동기 부여의 인재경영전략

Motivation
Management

일빛

||||||||
CONTENTS

심각해지는 모티베이션 위기 *01*

1. 기업과 개인의 관계가 변화한다 • 11

2. 금전 보수와 지위 보수의 부족 • 17

3. 성과주의 인사 제도의 불완전성 • 20

4. 개인의 취업 의식 변화 • 24

5. 양극화 시대의 도래 • 28

모티베이션 매니저가 최강의 조직을 만든다

1. 모티베이션 매니저 vs 모티베이션 브레이커 • 33

2. 커뮤니케이션 보수라는 관점 • 37

3. 매니저는 커뮤니케이션 터미널이다 • 39

4. 모드가 커뮤니케이션을 좌우한다 • 43

5. 모티베이션 매니저의 요건 • 48

6. '목표의 매력×달성 가능성'이 모티베이션의 높낮이를 결정한다 • 51

당신의 부하는 자신의 역할과 목표를 이해 납득하고 있는가?

모티베이션 매니지먼트의 실천 (1)　　　*03*

1. **Goal Setting Effect** : 목표를 명확히 하라 • 57

2. **Ladder Effect** : 상위의 목적을 제시함으로써 업무에 의미를 부여한다 • 63

3. **Link Effect** : 업무의 관련성을 실감시켜라 • 69

4. **Commitment Effect** : 의사결정에 참여시켜라 • 75

5. **Recruiting Effect** : 채용 활동에 참여시켜라 • 80

6. **Role Model Effect** : 이상형으로 삼을 대상자를 구체화하라 • 84

7. **Only One Effect** : 개성과 희소성을 발견하라 • 89

8. **Role Playing Effect** : 역할 연기로 관점을 이동시켜라 • 95

당신은 부하가 무엇을 바라고 있는지 알고 있는가?

모티베이션 매니지먼트의 실천 (2)

1. **Rival Effect** : 경쟁 상대 · 경쟁 기회를 설정하라 • 103

2. **Option Effect** : 부하가 스스로 선택할 수 있는 기회를 늘려라 • 108

3. **Thanks Effect** : 공헌했다는 실감을 느끼게 하라 • 114

4. **Spotlight Effect** : 이름을 불러주는 기회를 만들어라 • 120

5. **Knowledge Effect** : 포터블 스킬을 의식케 하라 • 126

당신은 부하를 성공으로 이끌고 있는가?

모티베이션 매니지먼트의 실천 (3)

1. **Milestone Effect** : 중간 목표를 설정하라 • 135

2. **Feedback Effect** : 객관적인 평가를 알려 주어라 • 140

3. **Control Effect** : 바꿀 수 있는 것에 에너지를 집중하게 하라 • 145

4. **Scramble Effect** : 성공 사례의 공유 기회를 만들어라 • 151

5. **Massage Effect** : 동일한 상황에 있는 타인과의 교류 기회를 만들어라 • 156

6. **Value Effect** : 자신의 경쟁 우위성을 인식시켜라 • 161

7. **Criteria Effect** : 판단 기준을 명확히 하라 • 167

(주) 링크 앤 모티베이션에서의 실험적 적용

1. 3개월을 1년으로 보는 LMI 캘린더 • 173

2. 회사 구성원의 요건을 규정한 LMI 스타일 카드 • 178

3. 조직의 DNA를 공유하는 DNA 강좌와 DNA 통신 • 182

4. 종업원 지주회를 발전시킨 오너십 제도 • 185

5. 사원들이 서로를 칭찬하는 BMC 챌린지 제도 • 188

6. 독자적인 보상 제도 인센티브 빙고 • 192

7. 개방형 커뮤니케이션을 테마로 한 오피스 환경 • 195

8. 신선한 자극을 낳는 레이아웃 변경 • 199

9. 모티베이션 조사를 통한 조직의 정기 건강 진단 • 204

옮긴이의 글 • 207

MOTIVATION MANAGEMENT

1

심각해지는 모티베이션 위기

1. 기업과 개인의 관계가 변화한다 ▶ 구속 관계에서 선택 관계로 변하고 있다

2. 금전 보수와 지위 보수의 부족 ▶ 보수 부족이 기업의 활력을 빼앗는다

3. 성과주의 인사 제도의 기능 부전 ▶ 매니지먼트에 대한 불신의 만연

4. 개인의 취업 의식 변화 ▶ 기업과 개인의 관계 변화가 일에 대한 모티베이션을 변화시킨다

5. 양극화 시대의 도래 ▶ 인재 매니지먼트의 패러다임 체인지가 요구되고 있다

1

기업과 개인의 관계가 변화한다

구속 관계에서 선택 관계로 변하고 있다

■ 모티베이션 위기가 심각해지고 있다

현재 규모의 크기에 상관없이 많은 기업에서 모티베이션 위기 (Motivation Crisis)가 일어나고 있다. 모티베이션 위기란 종업원의 "일에 대한 의욕, 즉 모티베이션의 대 폭락"을 말한다. 이러한 현상 이 기업 경영에 미치는 영향은 매우 크다. 가까운 장래에 모티베이 션 위기로 인하여 붕괴하는 기업마저도 나타날 수 있는 상황이다.

왜냐하면, 기업 성장에 필요한 최대의 자원은 두말 할 필요도 없 이 그곳에서 일을 하고 있는 인재이기 때문이다. 장기화되고 있는 불황으로 최근 "기업 경영에서 최대의 비용은 인재이다"라는 논조가 강하게 제기되고 있으나 이러한 사고의 연장선상에는 '축소 균형'에 따른 경영 파탄이 기다리고 있을 뿐이다. 인재라는 자원은 여타의 다른 재화와는 달리 그 가치의 가변성이 크다. 인재를 재산으로 볼 것인지, 혹은 비용으로 볼 것인지는 전적으로 경영 능력에 의존한다고 할 수 있다.

본서는 필자가 그동안 기업 회생을 지원해 온 많은 경험을 바탕으로 한 "인재야말로 기업 성장의 최대·최강의 자원이다"라는 관점을 일관되게 피력하고 있다. 독자 여러분이 이러한 관점에 공감한다면 본서에서 제기하고 있는 다음의 3가지 사항에 대해서도 쉽게 이해할 수 있을 것으로 믿는다.

1) 종업원의 모티베이션 저하는 기업 활동의 근간을 뒤흔들 수 있다.
2) 종업원에게 일에 대한 의욕을 자극하는 무대를 제공하지 못하는 기업은 치열한 시장 경쟁에서 도태될 수밖에 없다.
3) 기업 회생을 실현하기 위해서는 모티베이션 매니지먼트가 중요하다.

일본 경제는 여전히 장기에 걸친 불황에 허덕이고 있다. 최근에는 부실 채권 문제와 기업 범죄 문제에만 관심의 초점이 맞춰지고 있으나, 중장기적으로 보면 보다 심각한 문제가 기업 내부에서 발생하고 있다. 좀처럼 겉으로 드러나지는 않지만 대단히 많은 기업이 종업원의 모티베이션 위기와 그 결과로서의 인재 유출 문제로 머리를 싸매고 있는 것이다.

CHART 1 급변하는 기업과 개인의 관계

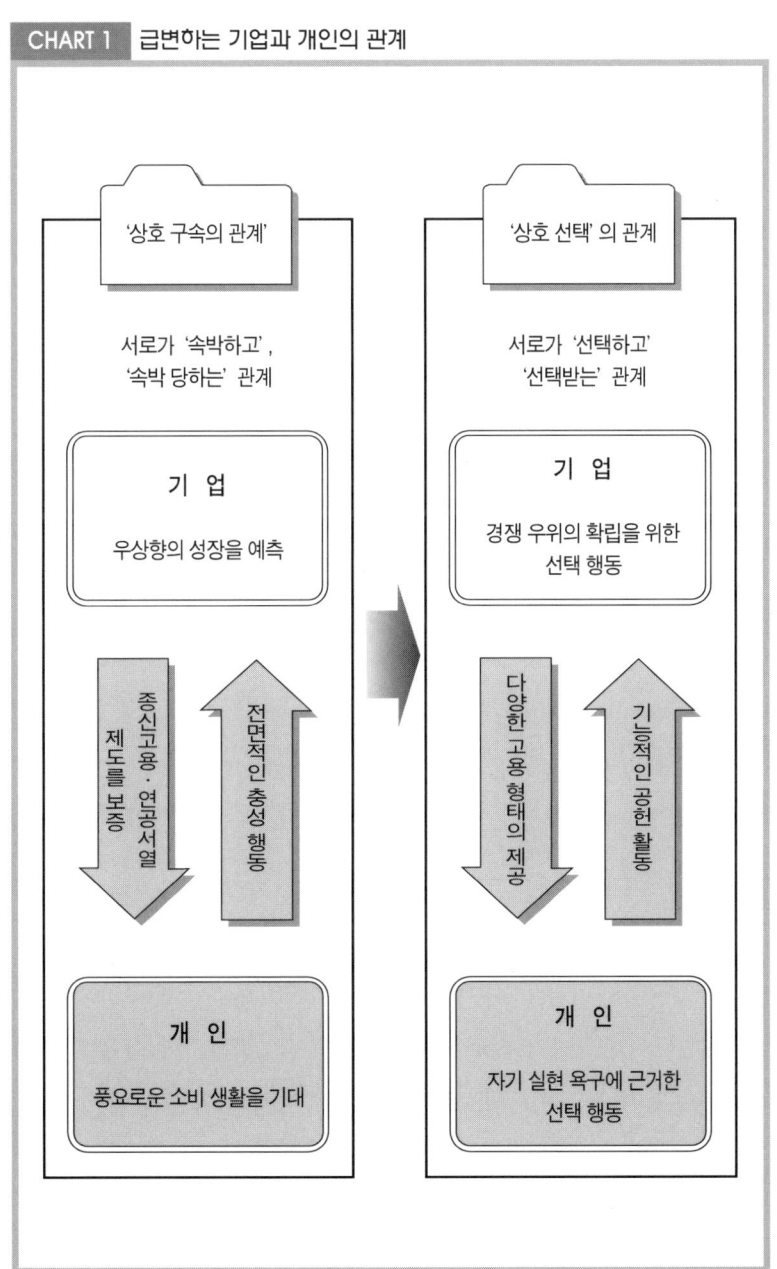

· 기대를 가지고 채용한 젊은 사원이 사전에 아무런 상담도 없이 그만 두어 버린다
· 차세대 젊은 리더들의 사외 유출이 그치지 않는다
· 성과주의를 도입했더니 오히려 현장의 의욕이 떨어지고 말았다
· 명예 퇴직을 모집했는데 예정 인원수를 훨씬 상회하는 응모자 수에 놀랐다
· 비즈니스 모델의 개혁을 추진했지만, 실행이 뒷받침되지 않아서 탁상 공론으로 끝나고 말았다
· 변혁의 방향성을 제시해도 침묵하고만 있는 중견 사원이 급증하고 있다
· 제안 제도도 뼈대만 남았고, 회의에서도 진취적인 발언이나 제안이 나오지 않는다

경영 간부들의 이러한 한탄 소리가 여기저기서 들리고 있다.

기업 조직은 본래, 다양한 가치관을 가진 사람들의 집합체이다. 종업원은 각자의 개인 목적(각자의 욕구 충족)을 달성하기 위해 행동하지만, 기업 조직은 기능 목적(기업의 업적 향상)을 달성해야 한다. "각 개인의 욕구 충족"과 "조직의 목표 달성", 이 양자 사이에는 많든 적든 이해의 충돌이 발생한다. 이 갈등을 조정하여 양자를 유기적으로 연계시키기 위해서는 필연적으로 종업원의 의욕을 향상시키는 '모티베이션 시책'이 경영상의 중요한 과제가 된다.

■종신고용의 붕괴로 '상호 구속'에서 '상호 선택'으로 변하고 있다

그러나 지금까지는 이 단순한 공식을 중시하는 기업이 매우 적었다. 왜냐하면 기업과 종업원은 서로를 속박하는 '상호 구속형'의 고용 시스템 하에서 존재해 왔기 때문이다.

종신고용과 연공서열형 임금제, 퇴직금 제도 등은 일단 고용한 종업원의 중도 퇴직을 예방하는 시스템이다. 기업이 성장하려면 종업원의 장기 근속을 전제로 한 숙련도의 향상이 기업 경영에 있어서 매우 중요한 가치의 원천이었다. 종업원의 입장에서도 그 기업 내에서만 통용되는 일반적인 교육밖에는 받지 못하더라도 성실히만 근무하면 정년 퇴직을 맞이하는 날까지 회사가 뒤를 봐준다는 신뢰도가 있었기 때문에 한 회사에 오래 근무하는 모티베이션을 유지할 수 있었던 것이다. 이러한 배경에서 많은 기업들은 매출 증대와 생산성 향상을 위해 종업원의 '스킬(Skill) 문제'에 관심을 가지는 경우는 있어도 '모티베이션 문제'를 진지하게 생각해 본 적은 거의 없었던 것이 사실이다.

그러나 이러한 종업원과 기업의 "상호 구속적인 관계"는 종언을 맞이했으며, 현재는 "상호 선택적인 관계"로 변화하고 있다. 기업은 과거의 고비용 체질에서 탈피하기 위해 종신고용과 연공서열 제도를 폐기하기 시작한 것이다. 또, 종업원들도 자신의 시장 가치를 높이기 위한 커리어 형성을 진지하게 생각하기 시작했다. 기업은 "보다 높은 성과를 올릴 수 있는 인재"를, 종업원은 "보다 자신의 시장 가치를 높일 수 있는 무대"를 서로에게 요구하는 "상호 선택적인 관계" 사회가 도래한 것이다.

　기업은 시장에서 경쟁 기업보다 높은 고객 만족을 실현하지 못하면 치열한 경쟁에서 패배하고 만다. 언제나 소비자의 엄격한 선택 기준에 노출되어 있기 때문이다. 마찬가지로, 향후의 기업은 종업원의 엄격한 선택 기준에도 노출되게 된다. 고객 만족과 함께 일하는 장으로서의 '종업원 만족'을 향상시키지 않으면 생존할 수 없는 시대로 들어섰다고 할 수 있다.

　최근들어 인재의 유동적인 행로를 살펴보면 기업과 종업원의 관계가 "상호 구속적인 관계"에서 "상호 선택적인 관계"로 변화되었음을 알 수 있다. 종업원의 입장에서 보면, "중도 채용을 적극적으로 도입하여 즉시 전력화 할 수 있는 후보자에 대해 연중 문호를 개방하고 있는 기업"이 급증하고 있다고 할 수 있다. 종신고용이라는 환상이 깨어진 상황에서 종업원은 현재 근무하고 있는 회사에 대해 자기 자신의 경력 관리상 "일하는 의미"와 "일하는 가치"를 발견하지 못하게 되었을 때는 경쟁 기업으로의 전직을 염두에 두고 주저 없이 퇴직을 결심하고 만다. 각 산업 분야에서 이러한 사태가 현실화되고 있는 것이다.

2

금전 보수와 지위 보수의 부족

보수 부족이 기업의 활력을 빼앗는다

■더 이상 시장에서 보수를 조달하지 못 한다

지금, 왜 여러 기업에서 모티베이션 위기가 심각해지고 있는 것일까? 그 원인을 살펴보자.

먼저, 직접적인 원인으로서 대부분의 기업이 매출 침체와 조직 축소에 따른 '보수 부족' 상태에 빠져 있다는 점을 들 수 있다. 종업원의 조직에 대한 공헌 활동을 이끌어 내기 위해서 기업은 무엇인가 보수를 지불하지 않으면 안 된다. 앞에서 서술한 '개인 목적' 과 '조직 목적' 의 갈등 조정은 이 '보수' 를 통하여 이루어진다. 쉽게 말하면 "상응하는 대가"가 기대되기 때문에 종업원은 개인 목적의

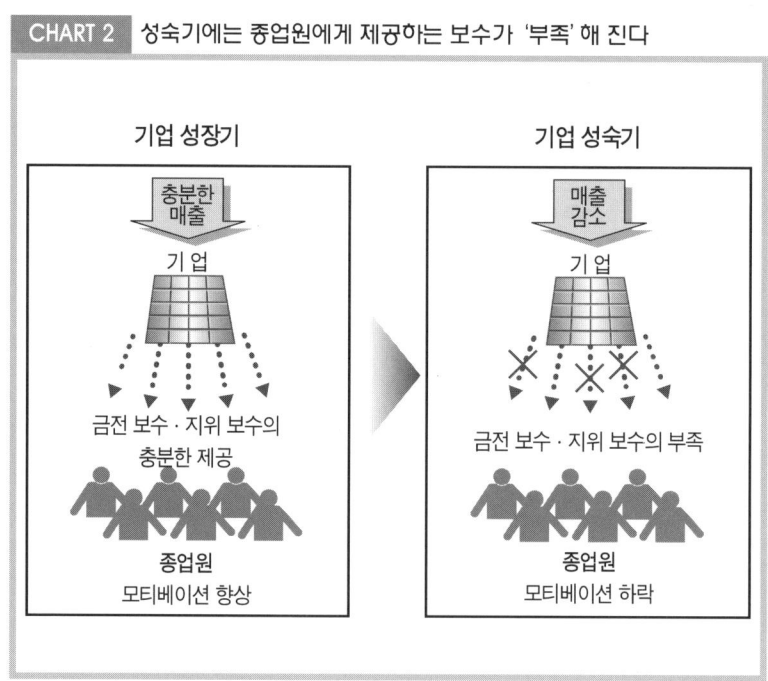

CHART 2 성숙기에는 종업원에게 제공하는 보수가 '부족' 해 진다

기업 성장기

충분한
매출

기 업

금전 보수 · 지위 보수의
충분한 제공

종업원
모티베이션 향상

기업 성숙기

매출
감소

기 업

금전 보수 · 지위 보수의 부족

종업원
모티베이션 하락

추구보다 조직 목적을 우선하는 것이다. 그러나 현재는 많은 기업 들이 보수를 지급하기 위한 자원이 부족한 상태에 직면하고 있다.

지금까지 기업이 종업원에게 제공해 온 보수(개인 목적과 조직 목 적의 갈등 조정 기능)는 주로 '금전 보수'와 '지위 보수'였다. 기업 은 조직에 공헌한 종업원에 대해(장기 근속도 넓은 의미에서 조직에 공헌하는 것임) 급여와 상여, 혹은 승진과 승격이라는 형태로 보상 해 왔으며, 종업원은 수입과 권한이 증가하면 생활이 풍요로워질 뿐만 아니라 보다 차원 높은 업무가 맡겨짐으로써 보람을 느낄 수 있었다. 즉 종업원의 모티베이션을 유지할 수 있을 정도로 기업이 제공하는 보수와 종업원에게서 끌어내는 공헌 활동이 균형을 유지해 왔던 것이다.

　기업은 시장에서 획득한 이익의 일정 비율을 급여와 상여라는 '금전적 보수'로 변환하고, 조직 확대를 실현함으로써 승진과 승격이라는 '지위적 보수'를 창출하여 종업원에게 제공해 왔다. 그리고 종업원에게 제공하는 '보수 자원'은 성장하고 있는 시장에서 풍부하게 조달할 수 있었다.

　그러나 이러한 단순한 구도가 거품 경제의 붕괴, 규제 완화, 국제 경쟁의 격화, IT 혁명, 소비자 니즈의 다양화 등을 계기로 급속히 무너지기 시작했다. 기업 성장률이 지속적으로 하락하고 그 결과로 매출액과 이익이 감소하여 금전적 보수를 확보할 수 없게 되었을 뿐만 아니라 조직의 축소에 따른 직위 수가 전체적으로 감소하여 지위적 보수마저도 제공하지 못하는 상태에 빠져 버린 것이다. 즉, 기존에 종업원에게 제공해 온 보수를 충당하기 위한 '자원'을 시장에서 충분히 조달할 수 없게 된 것이다.

3

성과주의 인사 제도의 불완전성

매니지먼트에 대한 불신의 만연

■그 성과주의는 정말 성과주의인가!

두 번째는 간접적인 원인으로서 기업이 종업원의 모티베이션을 향상시키려고 성과주의 인사 제도를 낙관적으로 도입하고 있다는 점을 들 수 있다.

거품 경제 붕괴 이후, 각 기업은 기존의 연공서열형 임금 체계를 수정하여 각 개인의 역할과 업무 성과에 따라 보수를 지급하는 성과주의의 색채가 강한 임금 체계 도입을 서둘렀다. 시장에서 조달할 수 있는 보수의 자원이 적어졌기 때문에 열심히 일을 하여 성과를 낸 사람에게는 많은 보상을 하고, 반대로 그렇지 못한 사람에게는 수입의 감소를 감수하도록 강제하려는 것이다. 즉, 어려운 환경 하에서 모든 사람에게 보상해 줄 수는 없지만 일부 성과가 높은 인재에게는 많은 보상을 하려는 발상이다.

이는 일견 합리적인 제도 개혁으로 보인다. 그러나 그 실제 내용은 상당한 위험성을 내포하고 있다.

예를 들면 영업 사원에 대한 성과주의를 가정해 보자. 기업이 자사의 고객을 각각 담당자에게 배분하고, 그 매출액을 기준으로 평가하여 금전적 보수로 환원하는 방법을 도입했다고 하자. 이것이 가장 간단한 성과주의 도입 방법이다.

그러나 영업 사원의 입장에서 보면 일방적으로 자신에게 맡겨진 고객의 특성(영업 사원 개인의 노력과는 상관없는)을 무시한 채 '영업 사원 개인의 매출액'이라는 성과에만 초점을 맞추어 평가받는 데 대해 납득하기가 어렵기 때문에 불만의 원인이 될 수 있다. 근본적으로 매출이 높게 이루어지기 힘든 해당 고객의 특성을 고려한다면 현재의 매출만으로도 사실은 충분한 성과를 올리고 있는 것일 수 있기 때문이다. 이러한 경우 매출액만을 기준으로 한다면 적절한 평가가 이루어지지 않는다. 또 영업 사원이 매출을 올리기까지의 프로세스와 노력 등의 요소도 완전히 무시되어 버린다.

이러한 개인 성과와 환경 요인과의 관계 외에도 개인 성과와 조직에 대한 공헌도의 균형 문제, 단기 성과와 장기 성과의 균형 문제, 정량적 성과와 정성적 성과의 균형 문제, 다양화·복잡화된 업무 내용과 상사의 평가 능력의 균형 문제 등 성과주의를 효과적으로 기능시키기 위해 해결해야 할 과제는 산적해 있다.

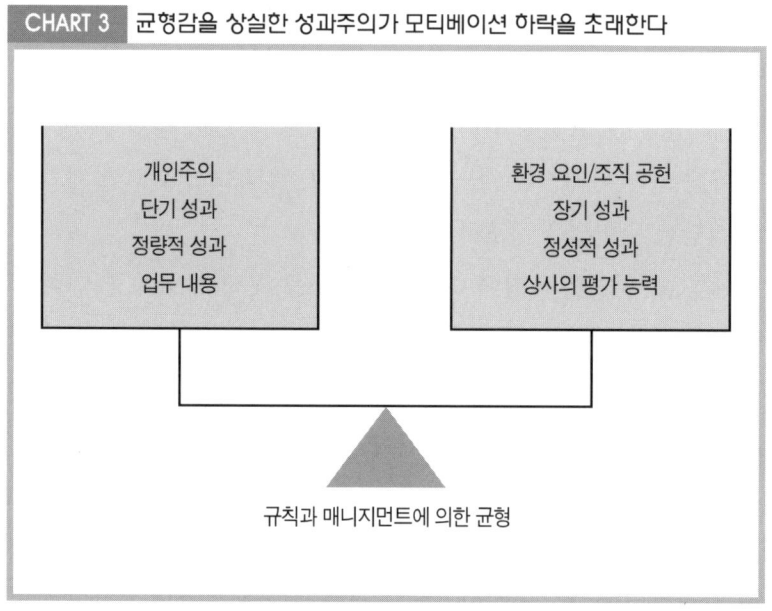

CHART 3 균형감을 상실한 성과주의가 모티베이션 하락을 초래한다

개인주의
단기 성과
정량적 성과
업무 내용

환경 요인/조직 공헌
장기 성과
정성적 성과
상사의 평가 능력

규칙과 매니지먼트에 의한 균형

■규칙 만능주의가 모티베이션 하락을 초래한다

종업원의 의욕을 높이기 위해 기업이 도입하는 평가 제도와 연봉제, 목표 관리 제도 등의 규칙은 그 자체에 문제가 있는 것은 결코 아니나, 그것이 불투명하다는 점 때문에 모티베이션 하락을 초래하는 경우가 많다.

학력과 파벌 등 직접적으로 업무 성과와는 관계가 없는 요인으로 인하여 평가에 격차가 생기는 것은 누구라도 견디기 힘든 일이다. 그러나 반면에 규칙만으로 모든 것이 해결된다는 규칙 만능주의도 위험성을 가지고 있다. 왜냐하면 규칙을 운용하는 현장의 매니지먼트 방법에 따라 "규칙 자체의 합리성"과 "그 규칙에 입각하여 이루어진 평가에 대한 신뢰도"가 크게 좌우되어, 결국은 '불투명' 한 부분이 생겨나게 되기 때문이다. 따라서 종업원의 모티베이션에 지대한 영향을 미친다.

만약 기업 내의 여러 부분에서 "매니지먼트에 대한 불신"이 발생하고 있는 상태라면 "규칙의 개정"에 앞서서 그 문제에 대한 대응책 수립을 서둘러야 한다. 그렇지 않으면 복잡한 절차와 비용을 들여서 도입한 새로운 규칙(능력주의 임금체계 등)은 결국 창고에 넣어두어야 하게 될 것이다. 이러한 의미에서 '규칙'과 '매니지먼트'는 항상 상호 보완 관계에 있는 것으로 인식할 필요가 있다.

성과주의 인사 제도의 도입으로 "인건비의 변동비화"는 진전되었지만, 그 대부분은 기업의 물리적인 제재를 배경으로 종업원에게 바람직한 행동을 강요하는 것에 그치고 있다. 이로 인하여 종업원의 회사에 대한 불신감을 키우고 모티베이션 하락을 초래하고 있다는 것이 성과주의 제도 도입의 실상이다.

4

개인의 취업 의식 변화

기업과 개인의 관계 변화가 일에 대한
모티베이션을 변화시킨다

■금전과 지위는 더 이상 모티베이션의 요소가 아니다

세 번째는 모티베이션 위기를 일으키는 구조적인 원인으로서 일
에 대한 모티베이션(Work Motivation)의 세대간 격차를 들 수 있다.

예를 들면 "벙어리 3년 귀머거리 3년" "참는 자에게 복이 있다"
'멸사봉공' 등 참고 인내하는 것을 미덕으로 하는 말들은 20대의
젊은 층은 물론 30대 중반의 인재들에게도 거의 의미가 통하지 않
는 사어(死語)가 되었다.

2차 대전 이후 나라 전체가 빈곤했던 시기에서부터 고도 성장기
를 거쳐 거품 경제기에 이르기까지는 금전적 보수, 지위적 보수를

획득하여 풍요로워 지는 것이 국가 전체의 목표였다고 해도 과언이 아니다.

그러나 오늘날에는 개인의 목표가 다양화되고 있다. 풍요로운 시대에 태어나고 자라서 그 풍요가 당연한 것처럼 익숙해져 있는 사람들에게는 "먹기 위해서 일한다"는 절박감, 긴장감이 거의 없다. 엥겔계수가 70%대였던 2차 대전 이후 수십 년과는 달리 20% 전후로 떨어진 현재의 국가적 풍요를 생각하면 이러한 경향은 향후 더욱 강해질 것이라는 점은 상상하기 어렵지 않다.

과거에는 가정 내에서 "아버지가 가장 훌륭하다"라는 공통된 인식이 있었다. 그러나 오늘날에는 가정 내에서 아버지의 권위가 땅에 떨어지고 말았다. 더욱이 아버지 세대가 구조조정에 고통받는 모습을 목격하기도 한 이들 젊은 세대가 "기업 내의 지위"보다도 "시장에서 통용되는 기술"을 더욱 중시하는 경향으로 변화하고 있다는 사실에는 수긍이 가는 측면이 있다.

종신고용·연공서열 시대에는 다소의 불만은 있었지만 그 기업 내에서밖에는 통용되지 않는 '막후 조정 능력'이나 '인간 관계'를 쌓아 가는 것이 합리적인 행동으로서 많은 조직 구성원들에게 널리 받아들여져 왔다. 그러나 인재의 유동화가 진행되어 종신고용과 연공서열형 인사 제도가 붕괴되면 누구든지 인재 시장에서의 시장 가치 향상에 관심을 돌리게 된다. "시장 가치 향상의 기회"를 포기하면서 까지 한 기업 내에서 입신 출세를 추구한다는 사고는 앞으로 급속히 사라져 갈 것이다.

"보다 풍요로운 생활을 찾아서" "기업 내에서 출세의 계단을 올라간다"는 고도 성장기의 공식은 30대 이하의 세대에게는 적용되

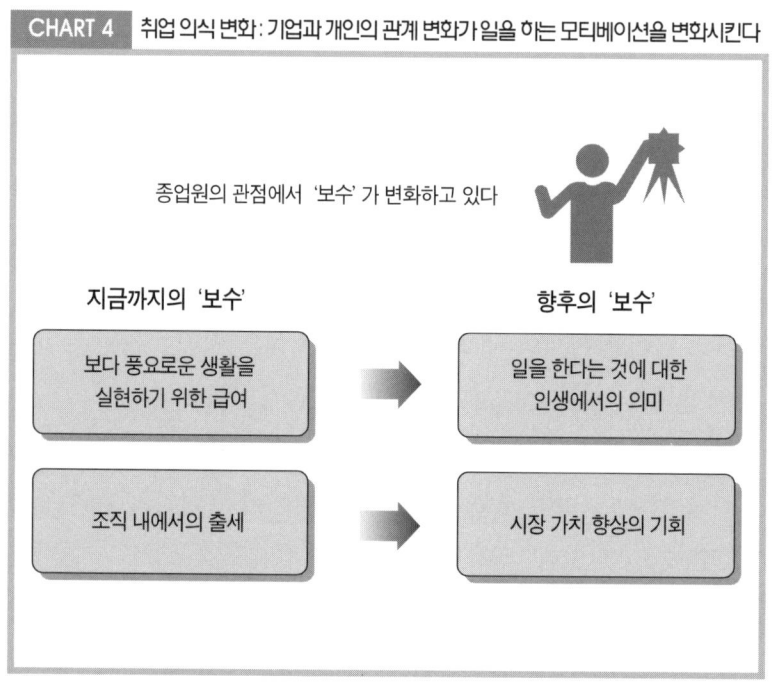

CHART 4 취업 의식 변화 : 기업과 개인의 관계 변화가 일을 하는 모티베이션을 변화시킨다

종업원의 관점에서 '보수' 가 변화하고 있다

지금까지의 '보수'

보다 풍요로운 생활을
실현하기 위한 급여

조직 내에서의 출세

향후의 '보수'

일을 한다는 것에 대한
인생에서의 의미

시장 가치 향상의 기회

지 않는다. 결과적으로 지금까지는 최대의 모티베이션 요소였던 '금전적 보수' 와 '지위적 보수' 자체가 위력을 잃어가고 있다.

앞에서도 설명한 것처럼 금전적 · 지위적 보수가 부족한 데다가 이러한 보수는 일에 대한 의욕의 다양화로 인하여 목표로서의 가치를 발휘하지 못한다. '기대 이론' 에 따르면 인간의 모티베이션은 '목표의 매력×달성 가능성' 으로 결정된다고 한다. 이 공식을 적용하면 '금전적 보수' 와 '지위적 보수' 의 매력은 젊은 층을 중심으로 급속히 그 매력을 잃고 있으며, 또 매출 감소와 조직 축소로 인하여 '획득 가능성' 도 낮은 상태에 빠져들고 있다. 양쪽에서 모티베이션 위기가 발생하고 있는 것이다.

기존의 '개인 목표'와 '조직 목표'의 갈등을 조정하는 역할을 해온 '돈'과 '자리'를 보수의 중심으로 하는 매니지먼트 스타일은 이제 근본적인 변혁을 요구받고 있다.

5

양극화 시대의 도래

인재 매니지먼트의 패러다임 체인지가 요구되고 있다

■모티베이션을 제공할 수 없는 기업은 버림받는다

"상호 선택적인 관계"인 사회는 결국 "선택받는 자"와 "선택받지 못하는 자"로의 양극화를 가속시키는 사회이기도 하다. "모두가 필요로 하는 인재"와 "아무도 필요로 하지 않는 인재"로 양극화가 진행되는 한편 "모두가 들어가고 싶은 기업"과 "아무도 들어가려 하지 않는 기업"으로의 양극화도 동시에 진행되게 된다. 즉, 종업원에 대해 모티베이션 요소(Motivation Factor, 기업 활동에 공헌하는 유인)를 제공하지 못하는 기업은 시장에서의 경쟁력을 잃게 될 뿐만 아니라 대량의 인재 유출이라는 내부 붕괴의 위기에 직면하게

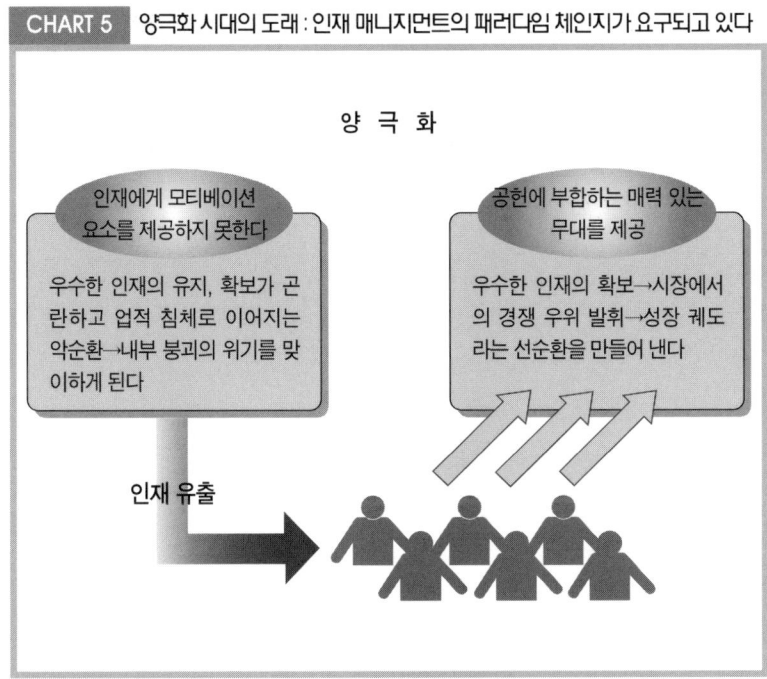

CHART 5 | 양극화 시대의 도래 : 인재 매니지먼트의 패러다임 체인지가 요구되고 있다

양 극 화

인재에게 모티베이션 요소를 제공하지 못한다

우수한 인재의 유지, 확보가 곤란하고 업적 침체로 이어지는 악순환→내부 붕괴의 위기를 맞이하게 된다

공헌에 부합하는 매력 있는 무대를 제공

우수한 인재의 확보→시장에서의 경쟁 우위 발휘→성장 궤도라는 선순환을 만들어 낸다

인재 유출

되는 것이다.

만약 경영 간부가 퇴직을 보고하러 온 종업원에게 "이런 불황에 뭘 바라고 전직을 하느냐"라는 말을 한다면 그것은 시대의 커다란 조류를 제대로 파악하지 못하고 있다는 증거이다. 인원 감축과 불황에 따른 재취업의 어려움만이 관심을 모으고 있으나, 사실은 사내에 남아 주기를 바라는 인재들까지 유출되고 있는 현실을 명확히 파악할 필요가 있다.

많은 기업에서 발생하고 있는 종업원의 모티베이션 위기는 기업과 종업원의 관계가 "상호 선택적﹒관계"로 변화하고 있음에도 불구하고 기업의 매니지먼트가 이를 따라가지 못하는 데에서 생기는 필연적인 증상이다. '시장 가치' '커리어 형성' '개성 발휘'를 찾는 종업원의 의식 변화에 대응할 수 있는 인재 관리상의 패러다임 교체가 요구되고 있는 것이다.

과거에도 몇 번씩이나 기업에게 "변화의 시대" 혹은 "시련의 시대"라고 불리던 시기는 있었다. 그러나 이번만큼은 진정으로 본질적인 전환기를 맞이하고 있는 것으로 보인다.

MOTIVATION MANAGEMENT

2

Chapter 2

모티베이션 매니저가 최강의 조직을 만든다

1. 모티베이션 매니저 vs 모티베이션 브레이커

2. 커뮤니케이션 보수라는 관점

3. 매니저는 커뮤니케이션 터미널이다

4. 모드가 커뮤니케이션을 좌우한다

5. 모티베이션 매니저의 요건 ▶ 영향력과 신뢰성

6. '목표의 매력 × 달성 가능성'이 모티베이션의 높낮이를 결정한다

1

모티베이션 매니저 vs 모티베이션 브레이커

■당신 주위에 모티베이션 브레이커는 없는가?

기업은 모티베이션 요소(기존의 경우에는 보수 자원)를 시장에서 획득할 수 없게 되었으며, 게다가 기존의 금전적 · 지위적 보수는 이제 더 이상 종업원에게 최대의 요소가 아니다.

하지만 "그렇기 때문에 종업원에게 아무것도 제공할 수 없다"라는 발상으로는 두 번다시 기업을 성장 궤도에 올려놓지 못하게 될 것이다. 아무것도 획득할 것이 없어져버린 종업원의 이탈 → 그 결과 발생하는 업적 부진이라는 악순환에 빠져들게 되는 사태를 초래하게 되기 때문이다. 결국에는 기업 존망의 위기를 맞이하게 될지도 모른다.

이러한 상황을 타개하기 위해서는 밖에서 확보하지 못하면 안에서 만들어 낸다는 발상이 필요하다. 결론부터 말하면, 기업은 모티베이션 요소를 집 안에서 생산 = 기업 내부에서 창출해 갈 수밖에 없다는 것이다.

종업원의 모티베이션 향상으로 이어질 수 있는 보수를 외부에 의존하지 않고 기업 내에서 제공할 수 있다면 종국에는 업적도 향상되어 다시 금전적 · 지위적 보수의 조달도 가능해지게 된다. 또 "자기 집에서 생산"한 보수를 통하여 다양화된 모티베이션 요소에 대응할 수도 있다. 인재 유동화 사회에 대응하면서 기업과 개인의 관계를 선순환의 관계로 회복하기 위해서는 "내부에서 창출"하는 기능을 확보해 놓고 있어야 하며, 그렇지 못할 경우 기업의 업적 회복은 요원하다.

그러면 구체적으로 어떻게 해야 할 것인가. 경영 간부와 매니저가 스스로 '모티베이션 매니저'가 되어야 한다. 예를 들면 주위에 다음과 같은 혹평을 듣는 사람은 없는지 살펴보자.

· 저 사람과는 같이 일을 해봤자 공은 자기 몫으로만 가져가 버린다
· 앞으로 10년 동안 참고 일을 해 봤자 내가 저 사람처럼 될 것이라고 생각하니 오싹하다
· 얼굴을 맞대면 언제나 숫자에 대한 이야기만 하기 때문에 의욕을 잃게 된다
· 과거 경험에 대한 이야기만 해대서 짜증난다

그러나 한편에서는,
· 저 사람을 위해서라면 열심히 할 수 있다

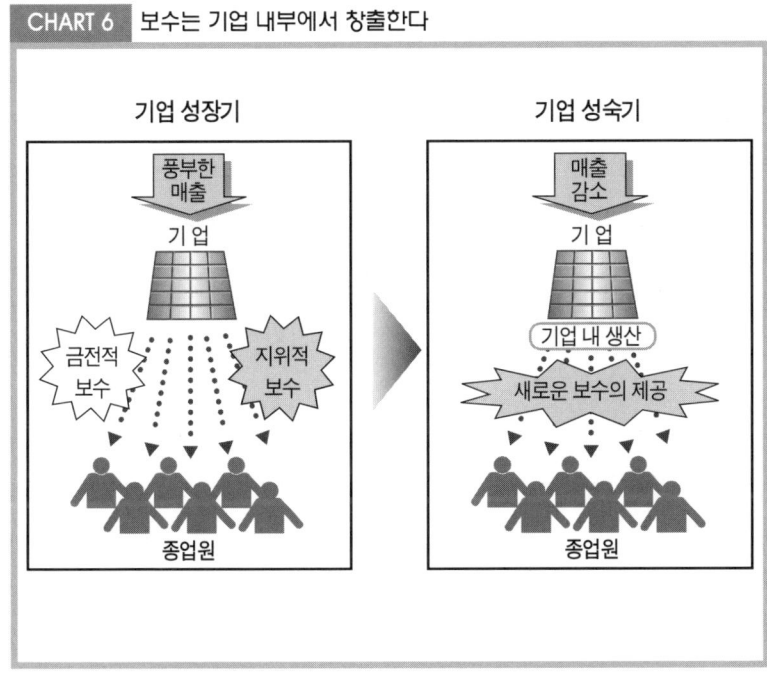

CHART 6 보수는 기업 내부에서 창출한다

기업 성장기

풍부한 매출

기 업

금전적 보수   지위적 보수

종업원

기업 성숙기

매출 감소

기 업

기업 내 생산

새로운 보수의 제공

종업원

· 한번만이라도 좋으니 저 사람 옆에서 배워보고 싶다
· 저 사람이 만류해 준다면 회사를 그만두지 않을지도 모르겠다

등으로 많은 구성원들의 정신적 지주가 되고 있는 사람도 있다.

전자를 '모티베이션 브레이커'라고 한다면, 후자는 향후 절대적으로 필요한 존재, 보수를 내부에서 창출하는 '모티베이션 매니저'라고 할 수 있다.

■근원적 욕구에 대한 보수는 무진장

인간은 누구나 즐겁게 일을 하고 싶어 하고 의미 있는 일도 하고 싶어 한다. 누군가가 기대를 가져 주는 사람이 되고 싶기도 하고 누군가로부터 감사를 받고 싶기도 하다. 다른 한편으로는 존경할 수 있는 사람과 함께 열심히 일하고 싶다는 근원적인 욕구를 가지고 있기도 하다. 이러한 욕구들은 금전적·지위적 보수와는 차원을 달리하여 존재한다.

급료나 직위는 밖에서 획득한 한정된 자원을 배분하는 구조이기 때문에 누군가가 많이 가져가 버리면 그만큼 누군가가 적게 가져가야 하는 제로섬(Zero Sum) 게임의 숙명을 가지고 있다. 그러나 이러한 근원적 욕구를 충족시키는 요소는 설령 외부에서 획득할 수 있는 자원이 감소하더라도 생각만 있으면 누구든지, 얼마든지 제공할 수 있다는 장점이 있다.

모티베이션 매니저는 그 자체만으로 많은 종업원들의 의욕을 자극할 수 있는 모티베이션 요소가 되는 존재이다. 그들은 종업원에게 "사회와 고객에 대해 공헌했다는 느낌" "조직 내에서 자신의 일에 대한 보람" "자기 자신의 기술이 향상되었다는 느낌"을 느끼게 하는 자질을 갖추고 있는 사람이다.

2

커뮤니케이션 보수라는 관점

■단 한마디의 칭찬이 1억 엔의 가치를 낳는다

　그렇다면 모티베이션 요소를 사내에서 자가 생산하는 기능을 담당하는 '모티베이션 매니저'는 무엇을 가지고 종업원의 모티베이션을 향상시켜 갈 것인가? 그것은 '커뮤니케이션'이라는 한 단어로 집약된다. 금전적 보수와 지위적 보수를 대신할 수 있는 것으로서, 말하자면 '커뮤니케이션 보수'를 가지고 종업원의 의욕을 고양시키는 것이다.

　이러한 커뮤니케이션 보수는 일에 대한 의식이 다양화되고 있는 이상, 획일적이지 않도록 각각의 일에 대한 모티베이션에 부합되는 것이어야 한다. 주는 쪽이 '보수'라고 생각하더라도 받는 쪽이 그것을 '보수'라고 느끼지 않으면 의미가 없다. 받는 쪽에 대해 '보수' 로서 기능할 수 있는 커뮤니케이션 보수를 제공하는 것이 필요하다.

쉬운 예를 든다면 가장 적절한 시기에 부하에게 "잘 했다"는 한 마디의 칭찬을 했다고 가정하자. 부하가 그것을 1만 엔과 동등한 기쁨을 느끼는 특성을 가지고 있다고 한다면 부하의 모티베이션은 매우 향상될 것이다. 가령 100명의 매니저가 있다고 할 때 한 사람이 하루에 한 번 이렇게 1만 엔의 값어치가 있는 커뮤니케이션을 구사하면 100일이면 1억 엔의 가치를 창출할 수 있다는 계산이 된다.

기업이 자사의 '강점' 강화에 노력하고 고객 만족도의 최대화를 실현하기 위해서는 종업원에게 '커뮤니케이션 보수'를 주고, "모티베이션을 매니지먼트 한다"는 사고를 가지는 것이 필수 불가결하다.

물론, 커뮤니케이션 보수만으로 중장기적으로 종업원의 모티베이션을 높게 유지하는 것은 어려울지도 모른다. 그러나 금전적 보수ㆍ지위적 보수를 대체할 수 있는 것으로서 일시적이라 하더라도 커뮤니케이션 보수를 제공함으로써, 앞에서 설명한 바와 같이 기업은 성장 궤도에 올라갈 수 있게 되어 선순환이 창조되어 간다. 커뮤니케이션 보수는 그때까지의 중요한 '이음새' 역할을 담당한다고 할 수 있다.

매니저가 '커뮤니케이션 보수'를 창출하여 구성원의 특성에 따라 제공해 가는 것이야말로 조직을 활성화하고 최강의 조직을 구축해 가는 지름길이라고 할 수 있다.

3

매니저는 커뮤니케이션 터미널이다

■복잡한 커뮤니케이션을 통솔하는 것이 리더이다

'커뮤니케이션 보수'를 제공하기 위해서는 기본적으로 조직 내에서 원활한 커뮤니케이션이 이루어져야 하지만, 조직에서는 '수평적인 상태'에서의 커뮤니케이션이 매우 어렵다. 왜냐하면 구성원의 숫자가 증가할수록 사람과 사람을 연결하는 선, '커뮤니케이션 연결선'이 증가하여 복잡해지기 때문이다.

예를 들면 종업원이 두 사람뿐인 회사라면 선은 하나밖에 존재하지 않는다. 그러나 종업원이 10명인 회사라면 선은 10개가 아니라 45개나 된다. 100명의 종업원을 가진 회사 규모라면 4,950개라는 매우 복잡한 커뮤니케이션 연결선이 발생하게 된다. 이러한 상태에서는 의사 통일을 기하지 못하고 조직으로서의 일체감도 희미해지기 쉽다. 선의 복잡화가 진행되어 이러한 상태가 심각해지면 의사 결정에 시간이 걸리고 경영 차원에도 손상을 입힐 수 있다.

그러나 가령 100명의 종업원이 있는 회사에는 4,950개의 선이 발생하지만, 그것을 10명씩 팀을 구성하여 그 위에 리더를 두면 하나의 팀 내에서 발생하는 커뮤니케이션 연결선은 45개가 되며, 팀 단위에서의 커뮤니케이션 연결선도 45개면 된다. 리더 단위에서 봤을 때도 45개의 선만 존재한다. 결과적으로 회사 전체의 커뮤니케이션 연결선은 495개로 4,950개의 10분의 1까지 줄일 수 있게 되어서 복잡함이 줄어들 수 있다. 이 팀을 이끄는 리더, 커뮤니케이션의 '연결점'을 담당하는 것이 매니저이다. 조직도 같은 것을 보면 쉽게 알 수 있듯이 매니저는 연결점, 즉 자신의 상사와 부하, 타부서 간의 상하 및 횡적인 '커뮤니케이션 터미널'이 되어야 한다는 요구가 강하게 제기되고 있다.

■리더로서의 전달과 수신이란?

터미널로서의 기능에는 2가지 종류가 있다. 하나는 '전달'이고 다른 하나는 '수신'이다.

'전달'하는 기능이라고 해서 단순히 들은 것을 그대로 전하는 것만으로는 터미널로서의 역할을 했다고 할 수 없다. 굳이 매니저를 중간에 두지 않더라도 메일을 보내는 것만으로도 충분하기 때문이다.

예를 들어 부하에게 정보를 전달하는 경우라면 위로부터 내려온 정보를 먼저 "자신의 부서에 맞게" "그 부하에 맞게" 독자적인 자

CHART 7 매니저는 커뮤니케이션을 통솔하는 터미널이다

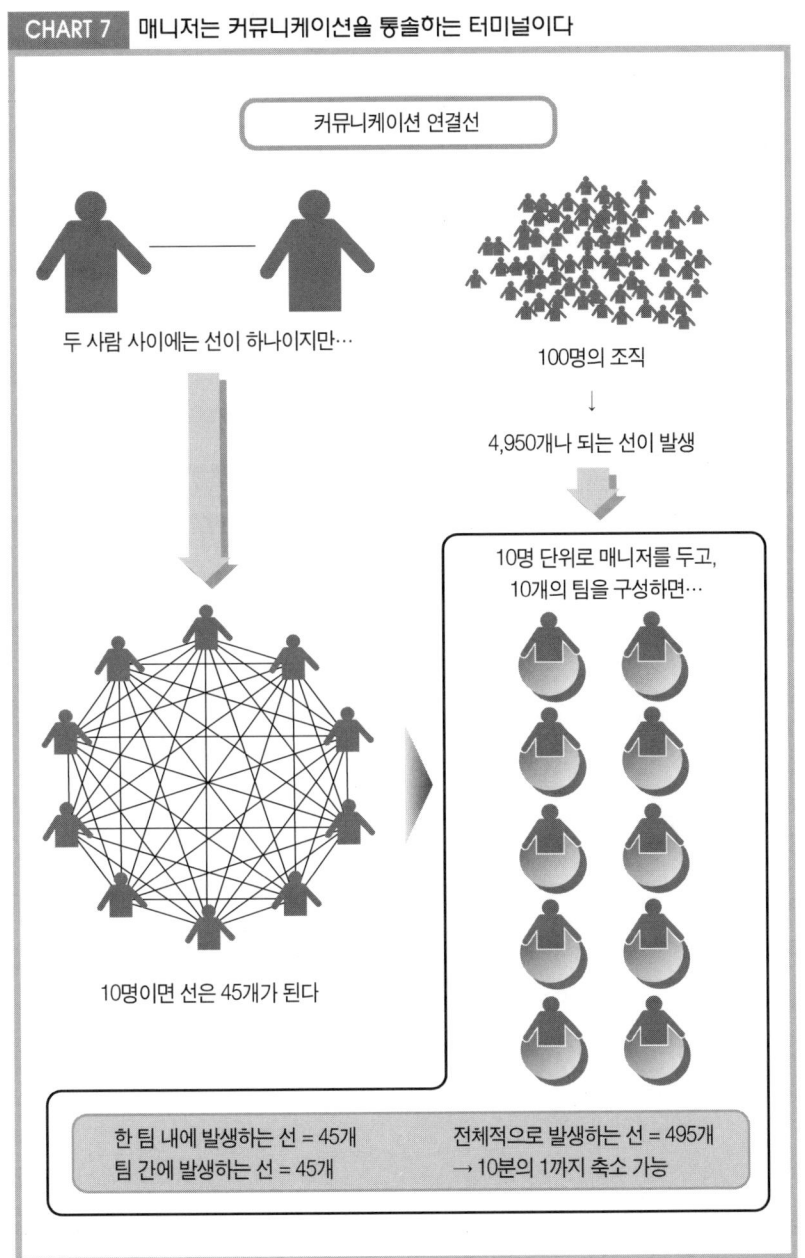

커뮤니케이션 연결선

두 사람 사이에는 선이 하나이지만…

100명의 조직

↓

4,950개나 되는 선이 발생

10명 단위로 매니저를 두고,
10개의 팀을 구성하면…

10명이면 선은 45개가 된다

한 팀 내에 발생하는 선 = 45개
팀 간에 발생하는 선 = 45개

전체적으로 발생하는 선 = 495개
→ 10분의 1까지 축소 가능

신의 언어로 변환해야 한다. 그렇게 하지 않으면 진정한 의미가 제대로 전달되지 않기 때문이다. 그리고 단순한 지시뿐만 아니라 그 배경에 있는 목적을 명확하게 전달해야 한다.

또 자신의 언어로 번역할 때에는 요약·대체 등 '정보의 편집 작업'을 할 필요가 있다. 위에서 내려온 정보는 분류되어 있지 않은 채 복잡하게 섞여 있는 경우가 많기 때문에 우선, 정보를 '중요하고 긴급한 것' '중요하지는 않지만 긴급한 것' '중요하지도 않고 긴급을 요하지도 않는 것' 등의 3가지로 구분하여 정보를 분류하면 먼저 전달해야 할 우선 순위를 판단할 수 있다.

마찬가지로 전달하는 상대방에 따라 정보를 편집하고 전달하는 방법을 조절하는 것도 중요하다.

다음은 '수신'에 대해서이다. 매니저가 '커뮤니케이션 보수'를 창출·제공하는 중요한 역할을 수행하는 이상 부하와의 커뮤니케이션이 원활히 이루어지지 않으면 안 된다. 이를 위해서는 구성원 한 사람 한 사람의 컨디션을 파악해 두는 것이 필요하다.

업무는 어떻게 진행되고 있는지, 문제가 발생하지는 않았는지 등 적절한 시점에 틀림없이 보고토록 하는 체제, 보고하기 쉬운 커뮤니케이션을 유지하는 것이 중요하다. 부하가 정신적으로 안정된 상태를 유지하고 있는지 까지 포함하여 언제나 파악해 둘 수 있도록 노력해야 한다. 특히, 부하의 정신적인 측면은 주의를 기울여 관찰하지 않으면 파악하기가 어렵다. 지금까지의 행동과는 무언가 달라서 주의를 요하는 신호가 나타났을 때 이를 놓치지 않도록 잘 관찰하고 보살필 필요가 있다.

4

모드가 커뮤니케이션을 좌우한다

■ '술자리 대화'로는 부하 직원의 본심을 알 수 없다

사람은 누구나 일상 생활 속에서 무의식적으로 '모드의 전환'을 실행하고 있다는 사실을 알고 있는가. 연인과 있을 때 응석을 부릴 수 있는 '연애 모드', 웃고 떠들면서 편하게 있을 수 있는 '친구 모드', 상사와 같이 있을 때의 '상하 관계 모드' 등 함께 시간을 보내는 상대와 상황에 따라 스위치를 전환하여 그 상황에 맞는 '자신'을 연출하고 있는 것이다.

회사에서의 커뮤니케이션은 대부분 업무용 모드에서 이루어진다. 업무용 모드는 '본심'과 겉으로 드러내는 '행동' 중 어느 쪽인지를 구분해 보면 압도적으로 '행동 모드'가 많다. 고객에 대해 "사실은 정말 귀찮다"고 생각하더라도 "금방 처리해 드리겠습니다"라

고 하면서 웃는 얼굴을 보인다. 상사에 대해 "생각이 잘못되지 않았는가"라고 생각하더라도 "그렇군요. 말씀하시는 그대로 입니다"라고 말한다. 또, 의견에 차이가 없는 경우라 하더라도 커뮤니케이션에는 언제나 긴장감이 감돈다. 이것이 '행동 모드'이다. 본심 모드로 전환되는 것은 회사를 나서는 순간, 그리고 생맥주 집에서 열리는 동료와의 "불만 토로하기 대회" 정도일 것이다.

기존에도 상사는 부하 직원의 본심을 끌어내려는 노력을 해 왔다. 그러나 그 방법은 퇴근길의 술자리에 의존해 온 것이 사실이다. 그리고 술자리의 이야기 내용도 상사가 고도성장기에 자신이 참여한 대형 프로젝트의 무용담을 들려주거나 경영진에 대한 불만을 이야기하는 자리가 되어 버려서 본심을 끌어내는 데에 성공했다고 하기 어렵다. 입장을 바꾸어 생각해 보면 부하 직원에게는 단지 고통일 뿐이었다고 스스로를 반성하는 사람도 적지 않을 것이다. 이러한 방법으로는 종업원의 모티베이션을 향상시키고 있다고 할 수 없다.

좋은 아이디어가 생기는 것은 어떤 상황에서일까? 상사 앞에서 긴장하여 본심도 꺼내놓지 못하는 상황이라면 발상이 풍부해 질 리가 없다. 혼다(HONDA)의 와이가야(와글거리고 시끌벅적하다는 뜻의 '와이와이 가야가야'라는 일본어의 앞 글자를 따서 만든 말로서, 직위나 연령 등에 관계없이 누구라도 와글와글 시끌벅적하게 이야기를 나누고 의견을 개진할 수 있는 혼다의 의견 수렴 시스템 - 역주) 처럼 모두 모여서 "와글와글 시끌시끌" "이것도 아니고 저것도 아닌" 이야기를 부담 없이 떠들 수 있는 상황에서 비로소 독창적인 발상이 생겨나는 것이다. 서구 기업들이 파티션으로 막혀 있는 사무실을 없애고 일본식으로 뻥 뚫린 대회의실과 같은 사무실로 바꾼 것도 이러한 효과를 노린 것이라고 할 수 있다.

무엇인가 문제가 발생했을 때, 혹은 발생하지 않았더라도 문제의 씨앗이 지금이라도 싹을 내밀려고 하고 있을 때조차 긴장감이 감도는 커뮤니케이션 속에서는 좀처럼 문제점이 겉으로 드러나지 않는다. 문제가 커지고 나서야 표면화되는 최악의 케이스는 상사와 부하 직원의 커뮤니케이션에 문제가 있어서 발생하는 경우가 많다.

상사와 부하 직원 사이는 물론 부서의 일상 업무 속에 '본심 모드', 즉 솔직하게 이야기를 나눌 수 있는 모드가 존재하도록 하는 것이 중요하다. 회사의 문을 밀고 들어선 순간 '행동 모드'로 전환하여 "회사는 회사, 나는 나"라고 생각하는 종업원의 수를 어떻게 줄일 것인지가 과제가 된다. 일을 하고 있는 것인지 놀고 있는 것인지 모르는, 친구와 이야기를 나누고 있는 것과 같은 편안한 커뮤니케이션을 증가시키는 것이 상사의 역할이라고 할 수 있다.

■ 사원이 '본심 모드'로 될 수 있는 장소를 사내에 만들어라

그렇다면, 그러한 커뮤니케이션을 증가시키기 위해서는 어떻게 해야 할 것인가? 이를 위해서는 언제든지 서로 이야기를 할 수 있도록 시간적·공간적으로 개방된 공간을 만들어 줄 필요가 있다.

시간적인 측면에 있어서는 상사가 "진짜 본심은 어떤데?"라든지 "요즈음 재미있는 일 있어?" 등으로 부하 직원이 편안하게 이야기할 수 있는 기회를 제공할 필요가 있다. 부하 직원이 꺼내 놓은 본심에 대해 상사가 눈썹을 찌푸리거나 바보 취급하는 태도를 보여서는 안 된다. 나중에 그 생각을 수정해 주는 한이 있더라도 "그렇게도 생각할 수 있겠네"라고 일단은 그 의견을 받아들이는 것이다. 이러한 커뮤니케이션을 거듭함으로써 "상사가 내 본심을 들어 준다"는 분위기가 만들어지면서 부하 직원의 마음이 '본심 모드'로 서서히 전환하는 기회가 증가한다.

공간적인 측면에 있어서는 부서 구성원들이 가벼운 기분으로 모여들 수 있는 장소, 예를 들면 커피자판기 옆에 소파를 둔다거나, 혹은 과자나 사탕을 놓아둠으로써 잠시 휴식을 취할 수 있는 장소를 만드는 것이 효과적이다.

처음에는 생각처럼 쉽게 잘 되지 않을지도 모르지만 그러한 시간과 공간에 익숙해지면 반드시 좋은 아이디어, 좋은 커뮤니케이션이 만들어진다.

이러한 커뮤니케이션을 통하여 부하는 자유로이 자신의 생각을 피력할 수 있게 될 뿐만 아니라, 예전에는 "어차피 내가 이야기해 봤자 헛수고"라고 생각하던 것이 "이야기하면 받아들여진다"고 회사와 부서에 대한 자신의 존재를 느끼게도 된다.

만약, 어떤 경우에도 업무중에는 본심을 드러내지 않는 부하가 있다고 한다면, 지금까지는 퇴근길에 그 직원만 술집으로 데리고 가서 본심을 듣는 방법을 취하는 것이 일반적이었다. 그러나 설령 그곳에서 본심을 들을 수 있었다고 하더라도 술집이라는 일상을 벗어난 장소에서 이루어진 커뮤니케이션을 부서 안으로 끌어들이기는 쉽지 않다. 가능하면 그 부하 직원이 잔업 때문에 혼자 남아 있을 때 등을 이용해서 직원의 본심을 이끌어 내도록 노력하는 것이 더 효과적이다. 사내에서 상사와 본심을 트고 이야기를 나눈 경험이 그 사람의 일상 모드를 전환하기 쉽게 하기 때문이다.

　"상사인 자는 하루에 한 번은 반드시 부하 직원의 좋은 얼굴을 볼 수 있도록 하라" 좋은 얼굴이란 본심에서 우러나오는 '기분 좋은 얼굴' '즐거운 얼굴'이다. 바로 솔직한 모드에서의 커뮤니케이션이다. 이러한 관계가 만들어지면 부하 직원은 좋은 얼굴뿐만 아니라 싫은 얼굴도 보여줄 수 있게 되어 부하 직원 자신이나 업무에서 일어나는 문제를 가능한 한 조기에 발견할 수 있게 된다.

5

모티베이션 매니저의 요건

영향력과 신뢰성

■무서움 · 대단함 · 멋있음 · 고마움

　모티베이션 매니저란 결코 이해심이 깊고 마음이 넓은 사람을 가리키는 것은 아니다. 필요에 따라서 부하 직원의 부족한 부분을 지적하고 때로는 엄격함도 요구하는 존재이다. 이를 위해서는 매니저 자신이 업무에 대해 흔들리지 않는 자신만의 철학을 가지고 있어야 하기 때문에 어떤 의미에서는 힘든 역할이라고 할 수 있다.

　개인의 목표가 다양화되고 있는 오늘날, 여러 유형의 부하 직원에 대해 매니저는 구성원 한 사람 한 사람의 특성에 맞는 '커뮤니케이션 보수'를 제공하는 한편 주어진 인재의 범위 내에서 '적재

적소'를 실천하지 않으면 안 된다. 그러나 부하 직원 전원을 적재적소에 배치하는 것은 쉽게 실천할 수 있는 것이 아니다. 결국, 어떤 부하 직원에 대해서는 그 사람의 특성이나 장점과는 거리가 먼 업무를 수행하도록 요구할 수밖에 없게 된다. 그것이 부하 직원의 능력과 커리어 향상으로 이어지는 경우라면 더욱 그렇다. 즉, 상사로서의 영향력을 발휘함으로써 부하 직원이 변화하도록 해야 하는 경우도 있다는 말이다.

극단적으로 말하면 이러한 부분이 상사의 가장 중요한 업무라고 할 수 있으며, 결국 영향력을 발휘하지 못하면 부하 직원의 모티베이션을 향상시켜 갈 수 없다.

이러한 경우 매니저의 영향력의 원천은 무서움 · 대단함 · 멋있음 · 고마움 등의 키워드로 표현할 수 있다. 먼저 '무서움'은 권력으로 부하를 움직이는 영향력이다. 그러나 상호 구속의 시대라면 모를까 기업과 개인의 관계가 상호 선택의 관계로 변화하고 있는 오늘날의 시대에는 권력을 매개로 한 신뢰 관계를 구축하는 것은 매우 어렵기 때문에 현재의 시대 상황에 맞지 않는다. 지금 시대에는 명확한 자신의 철학, 규율을 바탕으로 엄격함을 겸비한다는 넓은 의미에서의 '무서움'이어야 한다. '대단함'은 "그 사람이 말하는 것이니까 틀림없다"는 생각을 가지게 만드는 매니저의 전문 지식, 기술 등의 전문성이다. '멋있음'은 눈에 보이는 그 사람의 매력과 자신과의 유사성을 발견했을 때, 또 "자신을 인정해 준다" "긍정적인 평가를 해 준다"고 느꼈을 때, 즉 인간적인 매력이라고 바꿔 말할 수 있다. 마지막 '고마움'은 "내 문제를 열심히 생각해 주는 사람"이라고 느끼게 하는 것이다.

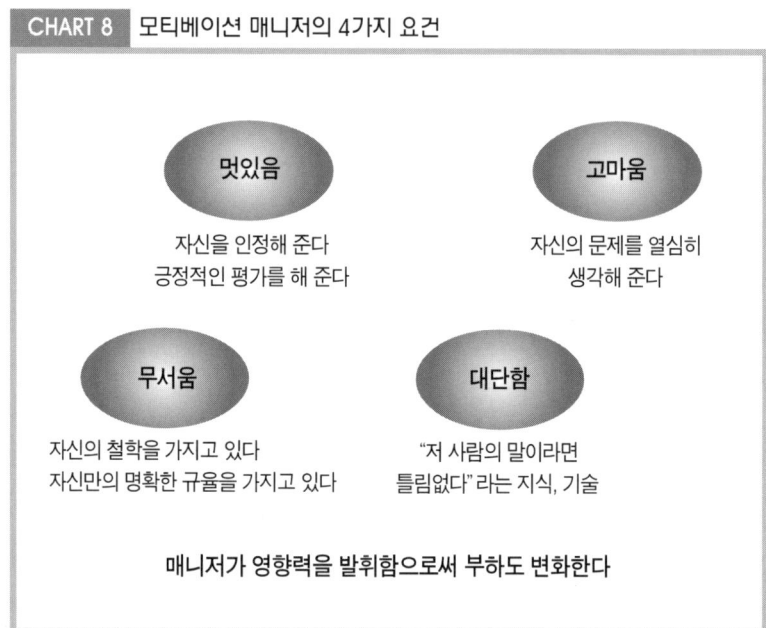

CHART 8 모티베이션 매니저의 4가지 요건

멋있음
자신을 인정해 준다
긍정적인 평가를 해 준다

고마움
자신의 문제를 열심히
생각해 준다

무서움
자신의 철학을 가지고 있다
자신만의 명확한 규율을 가지고 있다

대단함
"저 사람의 말이라면
틀림없다" 라는 지식, 기술

매니저가 영향력을 발휘함으로써 부하도 변화한다

한편, 이러한 영향력을 발휘하기 위해서는 매니저의 '신뢰성'이 필요하다. 요컨대 매니저의 '진심'의 정도가 부하 직원으로부터 신뢰를 얻을 수 있는지에 대한 열쇠가 되는 것이다.

예를 들면 "이 상사는 자신의 출세를 위해 이 일을 나에게 시키고 있다"고 느낀다면 절대로 상사가 생각하는 방향으로 움직여 주지 않는다. 부하 직원은 상사의 발언과 행동의 동기를 민감하게 감지하고, 납득할 수 없다고 생각하면 그 상사를 신뢰하지 않게 된다. "진심으로 자신의 커리어 향상을 생각해 주고 있다" "진심으로 자신을 인정해 주고 있다"는 식으로 그 일을 시키는 동기에 대해 신뢰하게 되면 그것이 부하의 모티베이션 향상으로 이어진다.

상사의 '진심'이 부하 직원의 '진심'으로 이어지게 되는 것이다.

6

'목표의 매력×달성 가능성' 이 모티베이션의 높낮이를 결정한다

■모티베이션을 향상시키는 방정식

앞에서 언급한 바와 같이 '기대 이론' 에 따르면 모티베이션의 높낮이는 '목표의 매력×달성 가능성' 으로 결정된다고 한다.

기업 조직에서 이 공식을 실현시키기 위해서는 어떻게 해야 하는지 알아보자. 먼저 목표의 관점에서 설명하면, '목표 = 각자에 맞는 보수·역할의 매력' 을 높이고 나아가 그것이 '달성 가능성 = 획득 가능성' 이 높은 것이어야 한다는 점이 조건이 된다.

'목표' 가 매력적일수록 조직에 대한 공헌 활동에 높은 모티베이션이 발휘되며, 그 획득 가능성이 높을수록 모티베이션은 더욱 자극된다.

반대로 받아들이는 측이 목표를 '매력' 이 있다고 생각하지 않으

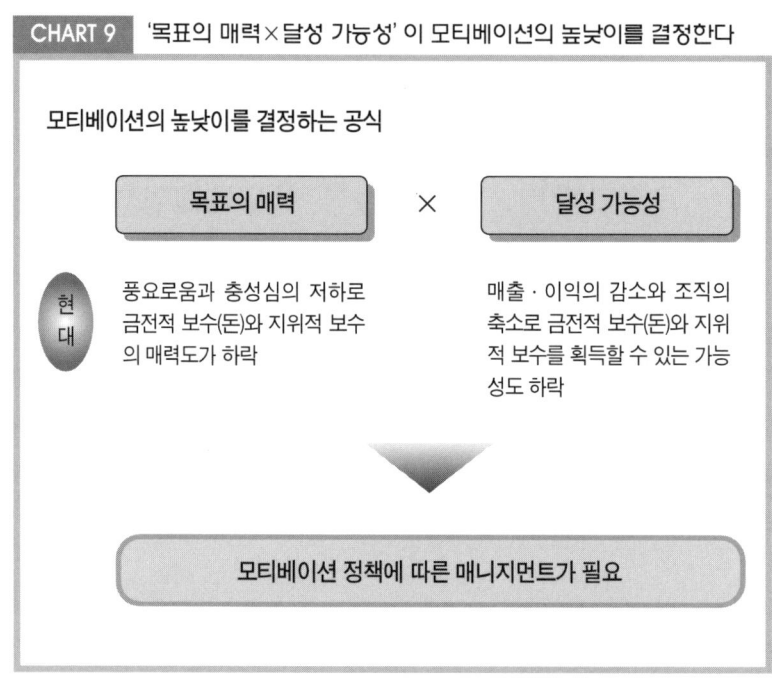

CHART 9 '목표의 매력×달성 가능성'이 모티베이션의 높낮이를 결정한다

모티베이션의 높낮이를 결정하는 공식

목표의 매력 × 달성 가능성

현대

풍요로움과 충성심의 저하로 금전적 보수(돈)와 지위적 보수의 매력도가 하락

매출·이익의 감소와 조직의 축소로 금전적 보수(돈)와 지위적 보수를 획득할 수 있는 가능성도 하락

모티베이션 정책에 따른 매니지먼트가 필요

면 기본적으로 에너지를 사용하려는 마음이 생겨나지 않으며, 아무리 매력이 크다고 하더라도 '획득 가능성'이 극단적으로 낮을 때는 포기하려는 심리로 이어져서 모티베이션을 높일 수 없다. 설령 순간적으로 높아졌다고 하더라도 그것을 지속시키는 것은 어렵다.

 달성 가능성에 초점을 맞추어 보면 사람은 작은 '달성'을 축적함으로써 자신감을 키우고 결과적으로 그것이 '성공'으로 이어진다. 그리고 그 성공 체험을 바탕으로 다시 '달성'을 쌓아감으로써 다음 단계로 진전할 수 있다. 그러나 자신이 달성할 수 있는 가능성이 처음부터 낮으면 다음 단계로 나아가는 이미지, 향상(Step Up)감을 느낄 수 없어서 결과적으로 모티베이션은 향상되지 않는다. 앞에서 언급한 '포기 심리'와 마찬가지인 것이다.

이처럼 '목표의 매력×달성 가능성'이라는 공식이 "조직 목적의 달성"과 "개인 욕구의 충족"을 연계시켜서 조직을 활성화시키기 위한 원동력이 된다.

다음 3장부터는 이 공식에 의거하여 일상 속에서 어떻게 구성원에 대한 매니지먼트를 실천해 가야 할 것인지를 구체적인 '실천편'으로 제시한다.

MOTIVATION MANAGEMENT

3

Chapter 3

모티베이션 매니지먼트의 실천 (1)
당신의 부하는 자신의 역할과 목표를 이해하고 있는가?

1. Goal Setting Effect : 목표를 명확히 하라

2. Ladder Effect : 상위의 목적을 제시함으로써 업무에 의미를 부여한다

3. Link Effect : 업무의 관련성을 실감시켜라

4. Commitment Effect : 의사 결정에 참여시켜라

5. Recruiting Effect : 채용 활동에 참여시켜라

6. Role Model Effect : 이상형으로 삼을 대상자를 구체화하라

7. Only One Effect : 개성과 희소성을 발견하라

8. Role Playing Effect : 역할 연기로 관점을 이동시켜라

1

Goal Setting Effect

목표를 명확히 하라

■3가지 목표 설정의 기술

부하 직원의 의욕을 고양시키기 위해서는 목표에 대한 설정을 빼놓을 수 없다. 목표에 도달함으로써 성취감을 느끼고, 그 감동이 다음 목표를 향한 모티베이션이 된다. 그렇기 때문에 목표 설정 없이는 모티베이션 향상을 실현할 수 없다. 목표(Goal)를 설정하여 목표를 명확히 해 주는 것이 모티베이션 정책의 기본이라고 해도 과언이 아니다.

단, 막무가내로 높은 목표를 설정한다거나 모든 종업원에게 획일적인 목표를 부여해서는 안 된다. 효과적인 목표 설정을 위해서는 그에 걸맞는 테크닉이 필요한 것이다.

우선, 목표가 되는 수치와 수준을 설정하는 테크닉이다. 목표가 높을수록 종업원들이 그 목표를 달성하기 위해 보다 높은 능력을 발휘할 것이라고 착각하여 누구도 달성할 수 없는 높은 목표를 설정하는 상사를 볼 수 있다. 그러나 이는 역효과를 초래하기만 할 뿐인 경우가 많다. 경기 침체 속에서 회사의 업적이 하락하고 있음에도 불구하고 호경기 때와 마찬가지로 목표를 설정한다면 그것을 달성할 수 있는 부하는 100명 중에 2~3명에 불과할 것이다. 상황이 이렇게 되면 "달성하지 못하는 것이 당연하다"는 분위기가 형성되고, 달성을 위한 노력을 해 보기도 전에 포기해 버리는 종업원이 증가하게 된다.

목표는 전체 종업원의 70% 정도가 달성할 수 있는 수준으로 설정하여 사내 및 부서 내에 "달성하는 것이 당연하다"는 풍토를 형성하도록 한다. 그리고 달성하지 못한 사람이 '분하다'는 기분을 가지도록 환기하는 것이 중요하다. 상사는 전례에 구애받지 말고 현재의 경제 상황과 시장 상황을 파악하여 그것을 반영한 목표를 세우지 않으면 안 된다.

부하 직원들 중 70%가 달성할 수 있는 목표의 적정치를 찾아내기 위해서는 경기와 시장의 동향을 파악하는 것도 중요하지만, 그 이상으로 상사가 부하 직원 한 사람 한 사람의 능력을 파악하는 것이 필요하다. 담당하고 있는 업무 내용을 정확히 파악하고 각자의 능력이 어느 정도 수준에 이르고 있는지를 확인하여 모두가 "조금만 열심히 노력하면 목표를 달성할 수 있다"고 느낄 수 있도록 해야 한다.

CHART 10 3가지 목표 설정 기술

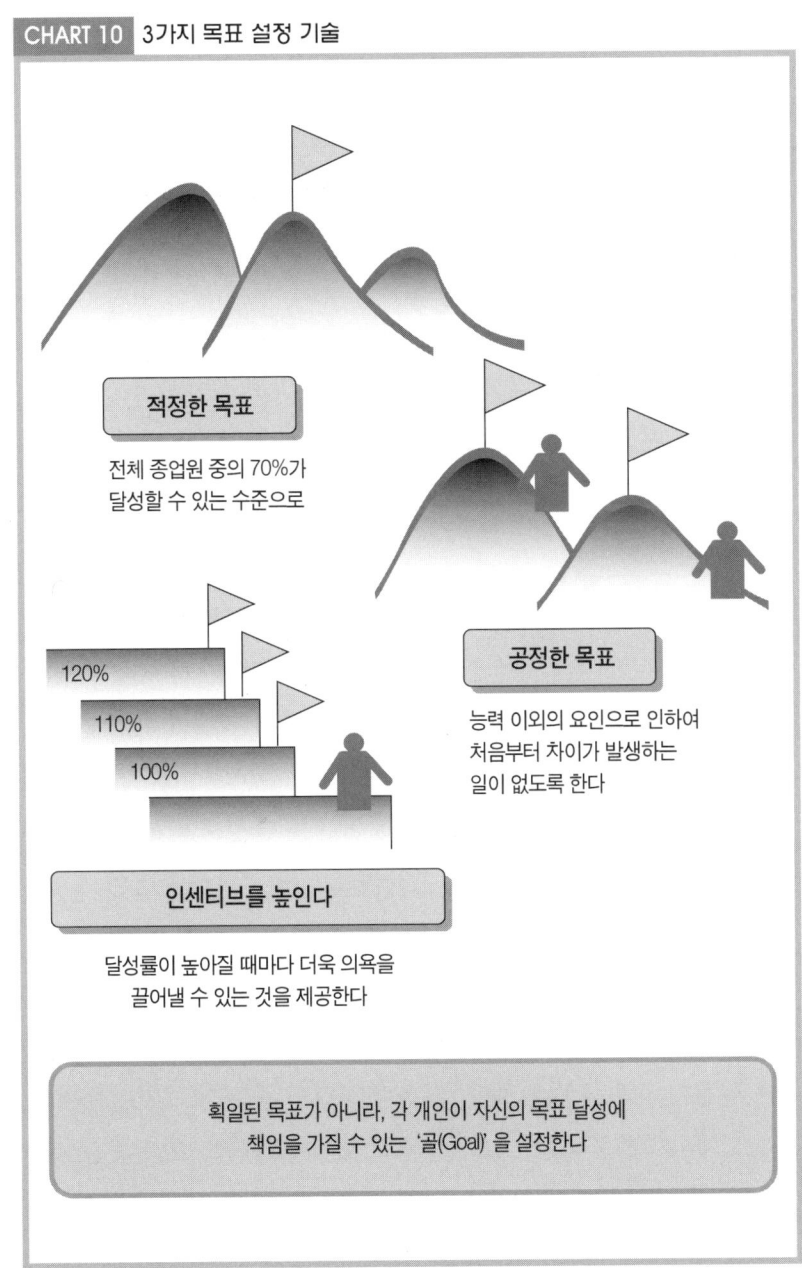

적정한 목표

전체 종업원 중의 70%가
달성할 수 있는 수준으로

공정한 목표

능력 이외의 요인으로 인하여
처음부터 차이가 발생하는
일이 없도록 한다

120%

110%

100%

인센티브를 높인다

달성률이 높아질 때마다 더욱 의욕을
끌어낼 수 있는 것을 제공한다

획일된 목표가 아니라, 각 개인이 자신의 목표 달성에
책임을 가질 수 있는 '골(Goal)' 을 설정한다

나아가 공정함에 대해서도 신경을 써야 한다. 대기업이 많이 모여 있는 도심지의 영업 담당자와 교외의 주택가를 담당하는 영업 담당자의 목표치를 동일하게 설정하였을 때 교외를 담당하는 직원이 의욕을 상실하는 경우를 자주 볼 수 있다. 주택가의 지역 면적이 더 넓고 금액 측면에서 시장 규모가 동일하다고 하더라도 대기업을 상대하여 건 당 1,000만 엔을 수주할 수 있는 영업 담당자와 개인 사무실이 많아서 건 당 수주액이 10만 엔 미만인 영업 담당자 사이에는 동일한 금액을 수주하는 데에 소요되는 시간과 노력에 엄청난 차이가 있기 때문이다. 1장에서 언급한 바와 같이 '성과'에만 초점을 두어 목표를 설정하는 데에 따르는 위험성을 인식할 필요가 있다.

세 번째 목표 설정 테크닉은 보다 뛰어난 능력을 가진 부하 직원에 대한 모티베이션 정책에 관련된 것이다. 뛰어난 능력을 가진 부하 직원에게 조금만 노력하면 달성할 수 있는 정도의 목표를 설정해 줄 경우, 자칫하면 일을 게을리 할 가능성이 있다. 즉, 가지고 있는 능력을 충분히 발휘하지 않은 채 목표를 달성해 버리는 것이다. 그러나 그 부하에게만 달성이 곤란한 목표를 설정해 준다면 그것은 또 앞서의 '공정성'을 해치는 결과를 초래하게 된다.

이런 경우 달성률 100%는 최소한 도달해야 하는 라인으로 설정해 두고, 110%, 120% 등 달성률이 올라갈 때마다 인센티브를 높이는 정책이 효과를 발휘한다. 달성한 사람들 중에서도 달성률에 따라 그레이드를 구분함으로써 능력이 뛰어난 사람은 보다 높은 자신만의 목표를 가질 수 있게 되고 결과적으로 조직의 활성화로 이어지는 것이다.

■목표를 달성하지 못한 사람에게도 배려하라

한편, 상사는 목표를 달성하지 못한 30%의 구성원에 대해서도 배려해야 한다. 조직의 30%를 "능력이 떨어지는 사람"으로 방치해 둘만큼 지금의 기업들에게는 여유가 없다. 70%의 사람들이 달성하는 조직 분위기 속에서 목표를 달성하지 못한 나머지 30%의 사람들에게는 틀림없이 '안타깝다'고 생각하는 마음이 있을 것이다. 그러나 "왜 달성하지 못했는지" "무엇이 잘못 되었는지"를 알지 못한 채 방치되면 목표 달성을 위해 무엇을 어떻게 해야 할 지를 이해하지 못하여 모티베이션이 점점 저하되어 간다.

목표를 달성하지 못한 사람들 중의 대부분은 실제로 힘을 쏟아야할 일이 아닌 데에 시간과 에너지를 소비하고 있는 경우가 적지 않다. 따라서 상사는 "당신이 해야 할 일을 하지 않음으로써 회사와 부서에 어떤 불편을 주는지"에 대해 구체적으로 알 수 있도록 해야한다. 목표를 달성하지 못하는 부하들의 대부분은 "내가 열심히 하지 않아도 회사는 돌아간다"고 생각하는 경우가 많기 때문이다.

예를 들면 경리 전표를 제출하지 않는다는 사소한 일이라도 "당신이 전표를 제출하지 않으면 회사는 경비 총액을 계산하지 못하게 된다" "경비 총액을 파악하지 못하면 집계가 늦어져서 경리 마감일을 지키지 못한다" "마감을 지키지 못하면 회사의 의사 결정이 늦어지게 된다" "의사 결정이 늦어지면 경영자는 리스크를 감안하여 매출 목표를 상향 조정하지 않으면 안 된다" "그렇게 되면 결과적으로 당신이 달성해야 할 목표도 올라가게 된다"는 식으로 차근차근 순서에 입각하여 영향을 설명하고 한 개인이 회사에 미치는 영향이 결코 작지 않다는 것을 인식시킨다.

반대로 회사 목표를 기점으로 하여 설명하는 방법도 있다. "회사 전체로 100억 엔의 매출을 올려야 한다. 이것을 달성하기 위해서는 시장 상황이 좋은 우리 사업부에서 30억 엔을 벌어들여야 한다. 우리 부서에서 5억 엔, 그 중에 큰 거래처를 담당하는 당신이 1억 엔의 매출을 올리지 못하면 회사의 목표를 달성하지 못한다"고 설명하면 회사에서 자신의 책임이 얼마나 큰지를 이해하게 될 것이다.

목표를 달성하지 못한 종업원들이 머리 속에 이러한 이미지를 그릴 수 있게 되면 스스로의 행동이 크게 개선되어 간다. 개인 목표의 누적이 회사 전체의 성장에 영향을 미친다는 것을 실감하게 함으로써 자신의 목표 달성에 책임감을 느끼도록 하기 위해서는 상사의 힘이 필요한 것이다.

2

Ladder Effect

상위의 목적을 제시함으로써 업무에 의미를 부여한다

■업무의 의미와 의의가 명확할 때 부하의 의욕이 높아진다

같은 일을 시키는 경우라도 "돌을 쌓아라"라고 하기보다 "요새를 구축하기 위해 돌을 쌓아라"고 하는 편이 부하의 모티베이션이 높아진다는 것은 두말할 필요가 없다. 그저 돌을 쌓으라는 지시만을 받은 경우, 그것이 최종적으로 무엇이 되는지 완성도가 머리 속에 들어 있지 않으면 강도에 신경을 써야 하는지, 통풍에 신경을 써야 하는지 알 수가 없다. 또, 얼마나 쌓으면 완성이 되는 지도 알지 못하기 때문에 돌을 쌓는 속도도 떨어진다. 요새를 만든다는 것을 알고 있다면 무엇보다 강도를 중요시하여 화살이나 총알이 통

과되지 않도록 틈새 없이, 그리고 전차로 밀어 부쳐도 무너지지 않도록 돌을 쌓을 것이다. 게다가 빨리 만들수록 국가의 안전이 보장되기 때문에 자연히 쌓는 속도도 빨라질 것이다. 지금 하고 있는 일의 의미와 의의를 앎으로써 그 일에 임하는 자세가 크게 달라지는 것이다.

이를 일상 업무에 적용하면, 부하 직원에게 그저 처리하지 않으면 안 될 눈앞의 일을 지시하는 것이 아니라 그 부하 직원이 수행하는 업무의 의미와 의의를 알려 줌으로써 모티베이션을 향상시킬 수 있다는 말이 된다.

업무의 의미를 전달해 주기 위해서는 '추상화' 라는 기술이 필요하다. 래더(Ladder, 사다리) 효과, 즉 "추상의 사다리"로 자신의 업무를 다시금 인식하도록 하는 것이다.

예를 들어 여기 하나의 '사과' 가 있다고 하자. '사과' 란 무엇인가, 한 단계씩 상위의 개념으로 이를 파악해 보면, 한 단계 올라갔을 때는 '과일' 로, 다시 한 단계 사다리를 올라가면 '먹을 것' 이라는 개념이 된다. 또, 다시 사다리를 올라가서 추상화시키면 "인간이 살아가는 데에 필수 불가결한 것" 으로 범위가 확장된다. 이러한 추상화를 통하여 '사과' 를 '사과' 로만 인식했을 때는 "배가 고픈데 뭐 없어요?" 라는 말에 '사과' 를 떠올리지 못했던 사람도 "살아가기 위해 필수 불가결한 것" 이라는 높은 차원의 개념으로 이해하고 있으면 얼른 '사과' 를 내놓을 수 있게 된다. 즉, 사과라는 하나의 물질을 단순히 빨갛고 둥근 나무 열매라고만 인식하면 그것이 배가 고픈 것과는 상관이 없지만, 인간이 살아가는 데 필수 불가결한 음식물의 일종으로 인식하고 있으면 배가 고플 때 먹을 수 있는 것이 되는 것이다.

업무의 '추상화'도 마찬가지이다. 구인 광고 전문지의 영업을 하는 사람을 예로 들어보자. 이 영업 담당자의 업무는 "구인 광고를 내고자 하는 기업들에게 자사의 광고 지면을 안내하는 일"인데, 이 개념을 한 단계 위로 올리면 "PR하고자 하는 회사를 사회에 소개하는 일"이 된다. 그 위의 개념은 "인재를 통하여 기업의 성장을 지원하는 일"이며, 다시 그 위에는 "전직자에게 선택의 폭을 넓혀주는 일"이라는 개념이 존재한다.

구인 광고 영업은 매일 여기저기 전화를 해야 하거나 기업을 방문해야 하는 등 일이 매우 힘든 측면이 있다. "광고를 많이 수주해 오라"고 상사로부터 늘 성화를 받으면서 이 일을 하고 있다면 '나는 도대체 무엇 때문에 이렇게 힘든 일을 하고 있는 거지' "구인 광고를 많이 수주해 오는 것이 무슨 의미가 있지"라고 회의를 느끼게 되어 의욕을 상실하고 마는 경우도 있을 것이다.

그러나 상사가 "좋은 회사를 사회에 많이 소개하고 싶다" "이 광고로 좋은 인재를 채용할 수 있다면 회사가 성장하여 사회에 크게 공헌하게 될지도 모른다" 나아가서는 "전직의 기회를 늘려 인재의 유동화를 진전시킴으로써 모두가 자신에게 맞는 일을 할 수 있는 사회를 실현할 수 있다"는 등으로 상위의 목적을 제시해 주면 구성원은 일이 고생스럽고 힘들다고만 생각하는 데에서 벗어나 자신이 지금 하고 있는 업무에서 의미를 발견할 수 있게 된다. 그 결과 목표를 향해서 매진할 수 있게 되는 것이다.

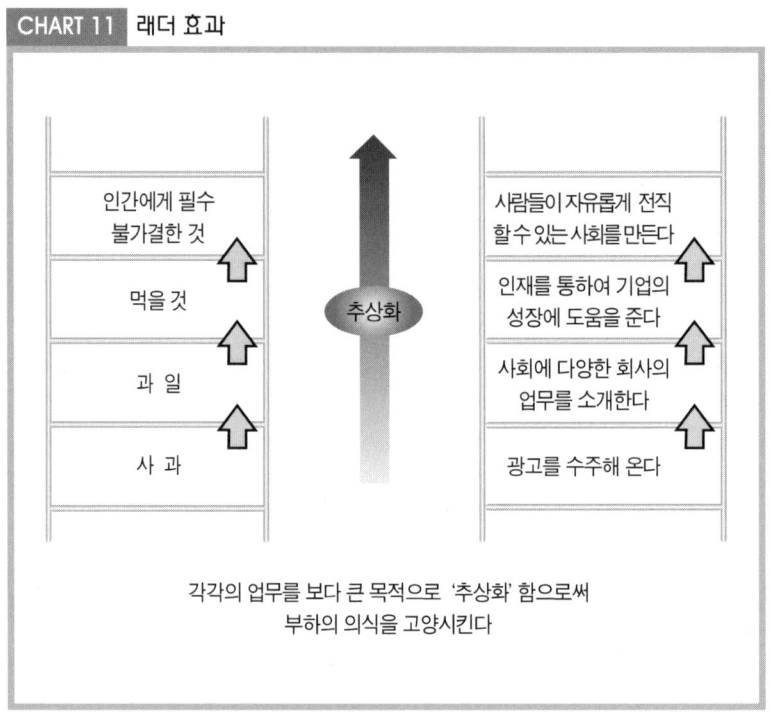

CHART 11 래더 효과

인간에게 필수
불가결한 것

먹을 것

과 일

사 과

추상화

사람들이 자유롭게 전직
할 수 있는 사회를 만든다

인재를 통하여 기업의
성장에 도움을 준다

사회에 다양한 회사의
업무를 소개한다

광고를 수주해 온다

각각의 업무를 보다 큰 목적으로 '추상화' 함으로써
부하의 의식을 고양시킨다

■구성원 자신의 느낌이 중요하다

또한, 이러한 추상화를 통하여 현재의 업무를 다양한 관점에서
재인식하게 함으로써 목적을 달성하기 위한 방법을 개혁할 수 있는
가능성도 있다. '사과'를 재배하는 사람이 만일, 단순히 '사과'를
재배하는 것이 자신의 일이라고 인식하고 있다면 앞으로도 계속
'사과'를 재배하는 일만을 하게 될 것이다. 그리고 이 사람이 업무
의 개선을 도모한다면 맛있는 사과를 만들어 내는 방법은 없는가
라는 방향에서 검토하게 될 것이다. 그러나 "살아가는 데에 한없이

소중한 것"을 만들고 있다고 생각한다면 "이 경작지에 가장 적합하면서 가장 영양가가 높은 식물을 재배하자"고 더 발전된 생각을 할 수도 있는 것이다. "구인 광고를 수주"하는 것도 마찬가지로 자신이 담당하는 업무의 목적이 '인재의 유동화'라면 웹 상에서의 인재 연결 시스템을 고안한다거나 샐러리맨들이 전직을 생각하도록 동기를 만들어 내는 캠페인을 생각해 내게 될지도 모른다.

이처럼 추상화, 즉 부하의 의식 수준을 높이는 작업이 부하의 모티베이션을 향상시킨다. 부하의 업무가 보다 높은 성과로 이어지게 하려는 상사에게는 빼놓을 수 없는 부분이라고 할 수 있다.

물론 상사가 "당신의 일에는 이런 의미가 있는 거야"라는 식의 전달 방법을 취하는 것도 중요하지만, 가능하면 구성원 자신이 직접 느끼도록 하는 것이 더욱 효과적이다. 개념의 추상화 방법을 익힘으로써 그 구성원은 어떠한 업무를 맡게 되더라도 자기 나름의 의미 부여가 가능하게 되어 언제나 모티베이션을 높게 유지할 수 있는 인재가 될 수 있기 때문이다.

이를 위한 트레이닝의 하나로 당신에게 만약 대학 졸업 예정인 후배가 찾아와서 "선배님은 어떤 일을 하고 있습니까?"라고 묻는다면 뭐라고 대답하겠습니까? 라고 질문을 던지는 방법을 생각해 볼 수 있다. 이 질문에 "매일 여러 회사에 전화를 걸어서 구인 광고 수주 활동을 하고 있다"고 구성원이 대답했다고 하자. 이 때 "그런 대답으로는 학생들이 아무런 매력도 못 느끼지 않을까. 좀더 그 일에 다른 의미가 있지 않나요?"라고 생각해 보게 하는 계기를 만들어 주는 것이다.

추상화를 통하여 업무의 의미를 전달할 때 주의해야 할 것이 구성원의 역량이다. 전화로 방문 약속을 받는 정도의 일을 시작한 신입 사원에게 '인재의 유동화'라는 말을 해 주더라도 느낌이 잘 전달되지 않는다. 처음에는 "그 회사를 널리 알려서 좋은 인재를 채용할 수 있도록 도움을 주도록 합시다. 이것은 그 회사의 성장을 좌우하는 중요한 일이에요"라고, 바로 한 단계 위의 개념만을 전달하는 선에서 머무르는 것이 바람직한 경우도 있다. 누구에게 어떠한 의미를 전달할 것인가 라는 판단도 관리자의 역량을 판가름할 수 있는 중요한 요소이다.

3

Link Effect

업무의 관련성을 실감시켜라

■업무 세분화로 주위에 대한 배려를 잃고 있지는 않은가?

사회의 성숙·고도화로 업무의 분담화가 진행되는 현대의 기업에서는 대개 역할 세분화로 인하여 자신이 회사의 '톱니바퀴'로 밖에는 여겨지지 않아서 모티베이션이 저하되고 마는 경우가 일어나기 쉽다.

이러한 상황에 빠져버린 경우에는 세분화해 놓은 역할을 조금 넓혀 주는 방법이 유효하다. 인도를 가보고 인생관이 바뀌었다는 사람의 이야기를 들어 본 적이 없는가? 그것은 갠지스강에서 세탁을 하고 몸을 씻으며, 음식물을 씻고 배설물과 사람의 유해도 그곳으로 흘려보내는, 생과 사의 연계를 실감할 수 있는 장소이기 때문이다. 역할을 넓혀 줌으로써 자기 업무의 '연계', 즉 자기 업무가 다른 업무와 어떻게 연결되는지를 실감시켜 주는 것이 마찬가지의 효과를 낳는다.

기업 내에서 역할을 세분화하는 의미는 효율화에 있다. 도시락 공장을 예로 들면 반찬을 만드는 역할과 그것을 용기에 담는 역할은 서로 다른 사람이 담당하는 경우가 대부분이다. 반찬의 종류가 5가지가 된다면 돈까스를 만드는 사람과 포장 용기에 넣는 사람, 경단을 만드는 사람과 넣는 사람, 생선 조림을 만드는 사람과 넣는 사람, 이처럼 반찬마다 담당자가 나뉘어져 있는 경우가 많다. 반찬을 만드는 사람들이 각각 자신이 만든 것을 용기에 넣는 사람에게 전달하면, 컨베이어 벨트 위를 따라 내려오는 포장 용기에 각각의 담당자가 그것을 넣어서 포장한다. 빠른 시간 내에 도시락을 많이 만들기 위해서는 이러한 방법이 가장 효율적이다.

한 사람이 모든 반찬을 만든다고 했을 때는 각각의 반찬에 필요한 재료, 기구를 놓아둘 만한 공간이 필요하게 되며, 튀김을 만든 후에 조림을 해야 하는 등 공정이 복잡해진다. 또, 한 사람이 다섯 종류의 반찬을 용기에 넣는다면 넣는 사람의 주위에 5종류의 반찬을 전부 놓아두어야 한다. 쓸데없는 낭비가 많은 것이다.

그러나 효율성을 생각하여 모든 역할을 나누어 분담케 하는 것은 다음 공정에 대한 배려의 부족을 초래하기 쉽다. 옆 공정에 있는 사람의 업무에 대한 의미를 알지 못하기 때문에 자신의 일만 순조롭게 진행되면 된다고 이기적이 되기 쉬우며 자칫하면 일을 깔끔하게 처리하지 않게 된다.

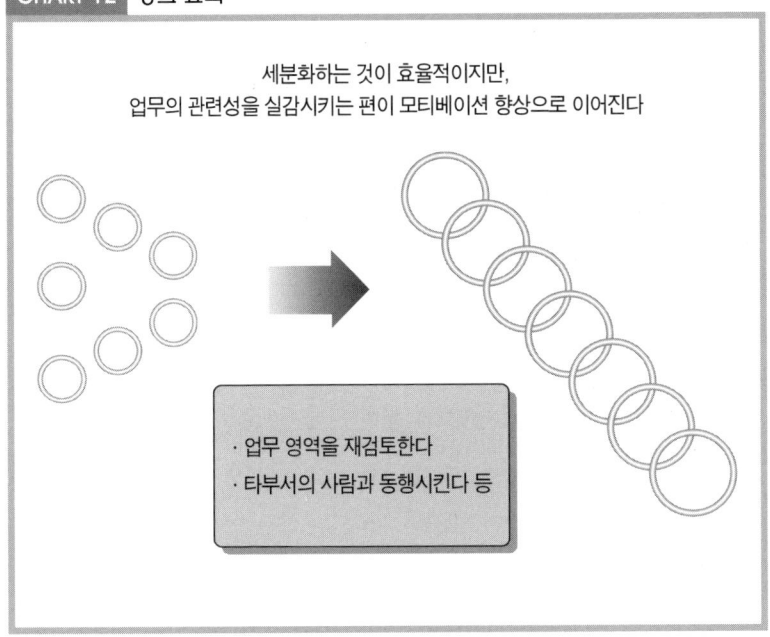

CHART 12 링크 효과

세분화하는 것이 효율적이지만,
업무의 관련성을 실감시키는 편이 모티베이션 향상으로 이어진다

· 업무 영역을 재검토한다
· 타부서의 사람과 동행시킨다 등

　　돈까스를 만드는 사람이 소스를 뿌리는 일까지를 기계적으로 처리하고 있었다고 하자. 이 사람은 돈까스를 용기에 넣는 사람에 대한 배려 없이 때로는 소스가 흘러내릴 정도로 너무 과하게 뿌리는 적도 있었다. 그런데 역할을 조금 넓혀서 작은 은박지에 넣는 작업까지를 직접 담당하도록 한 순간 용기에 넣는 사람의 입장을 생각하게 된다. 작은 은박지로 돈까스를 옮길 때 소스가 너무 많으면 그것이 흘러내려서 주위가 더럽혀지고 불필요한 작업이 늘어나는 것을 알게 되기 때문이다. 또, 용기에 넣는 사람이 돈까스뿐만 아니라 경단도 넣게 되었을 때, 그때까지는 옆에서 경단을 넣는 사람의 공간을 신경 쓰지 않고 자신이 너무 넓게 반찬을 놓아두고 있었다는

것을 알게 된다.

이처럼 조금만 업무의 영역을 넓히면 그때까지 자신의 업무에 대한 자세와 업무를 진행시키는 방법에 대하여 과제를 발견할 수 있게 된다. 또, 자신의 업무가 자신에게서만 끝나는 것이 아니라 다른 부문과 연계되어 있으며, 여러 가지 업무에 영향을 준다는 것을 이해할 수 있게 되는 것이다.

■비효율을 각오하고 전후와의 관련을 실감시킨다

물론 세분화하는 편이 효율적이라는 점은 분명하다. 각자가 역할을 넓히면 업무에 '중복' 이 발생하여 낭비가 많아진다. 그러나 그 비용을 지불하더라도 업무의 관련성을 실감시키는 노력을 함으로써 그 이상의 효과를 얻을 수 있다.

영업 어시스턴트는 영업을 지원하는 것이 역할이며, 자료를 만들거나 조사를 하고 수주와 발주 및 매출 관리를 하는 것이 업무이다. 때문에 보통의 경우, 고객이 있는 곳으로 영업 담당자와 함께 찾아가는 경우는 없다. 그러나 때때로 영업 담당자와 고객을 만나러 동행시키면 모티베이션이 갑자기 높아진다. 자신이 만든 자료가 어떻게 사용되고 어떠한 말과 함께 고객에게 보여지고 어떤 형태로 도움이 되고 있는지를 직접 보기 때문이다. 이렇게 되면 "좀더 제안서를 이해하기 쉽게 하기 위해 파워포인트를 익혀서 자료를 만들어 보자" "좀더 설득력이 생겨날 수 있도록 경쟁 회사의 상품에 대해서 조사해 보자"는 등 예전보다 더 연구를 하게 된다.

인재 소개 회사의 경우, 기업의 인재 니즈를 파악하는 영업 담당자와 전직 의향을 가진 등록자, 즉 전직 희망자의 요구 사항을 파악하는 어드바이저(Adviser)로 역할을 구분하는 경우가 있다. 이 역시 많은 안건을 처리하기 위한 효율화가 바탕에 자리하고 있다. 확실히, 영업 담당자는 기업의 스페셜리스트, 어드바이저는 등록자에 대한 스페셜리스트가 되어야 지식의 축적 측면에서도 효율적이다. 그러나 이러한 구분으로 인하여 영업 담당자는 전직 희망자의 얼굴을 볼 수 없기 때문에 기업의 입장에서만 사고하게 된다. 기업이 요구하는 조건을 그대로 커리어 어드바이저에게 전달해 버리는 경우도 있다. 그러나 영업 담당자가 가능한 한 전직 희망자와 만나서 프로필을 자세하게 알게 되면 "그만한 책임을 져야 하는 업무에는 더욱 높은 대우를 해주지 않으면 좋은 인재를 획득할 수 없다"고 기업에게 제안을 하게 된다. 물론 영업 담당자가 전직 희망자들과 만나는 데에 너무 많은 시간을 들이면 영업을 위한 활동 시간이 줄어들어서 당연히 그 회사로 들어오는 구인 건수가 적어지게 된다. 즉 전직 희망자가 접할 수 있는 업무의 수가 줄어들어 버린다. 어느 지점에서 균형을 취할 것인지가 문제가 되므로 옳고 그름을 단순히 평가할 수는 없지만 극단적인 역할 분화가 일으키는 알기 쉬운 사례로 마음에 담아둘 필요가 있다.

　이처럼 회사 전체의 관점에서 자신이 수행하고 있는 역할이 다른 부문과 어떻게 관련되어 있는지를 알 수 있게되면 적어도 전후의 연계를 위해 자신이 무엇을 해야 하는지, 더욱 성과를 높이기 위해서 자신의 업무에 개선할 점은 없는지를 생각하게 된다.

　통상의 업무에서 각자의 역할을 넓히는 방법을 취할 수도 있고,

연수를 통하여 때때로 전후의 관련성을 인식하게 하는 방법이라도 상관없다. 상사는 다소의 낭비(손실)를 각오하고 부하 직원 각자의 담당 업무 영역을 재검토할 필요가 있다.

4

Commitment Effect

의사 결정에 참여시켜라

■ 부하 직원이 제대로 의견을 내놓지 못하는 것은 상사가 그것
  을 요구하지 않기 때문이다

직장의 의사 결정에 참여할 수 있는 기회를 가능한 한 많이 만드
는 것이 모티베이션 향상에 효과적이다.

회사가 커질수록, 또 상사나 경영자가 독선적인 경우도 마찬가
지이지만 부하 직원이 소외감을 가지게 된다. 소외감이란 일이 이
미 결정되어 있어서 자신이 무슨 말을 하더라도 영향을 미치지 못
한다고 생각하고 자신의 존재가 회사 내에서 그다지 의미를 가지지
못한다고 느끼는 것을 말한다. 소외감을 느낀 부하 직원은 "어차피

자신이 무슨 말을 해도 소용이 없다"고 의욕을 상실하게 된다. 회사의 결정대로 사장과 상사의 지시만 들으면 된다고 생각하여, 자신이 일에 대해 생각하려는 자세와 더 좋게 하려면 어떻게 해야 하는지를 생각하는 주체성을 잃어버린다.

이러한 모티베이션 저하를 방지하기 위해서는 가능한 한 의사결정에 참가할 수 있는 기회를 제공하는 것이 필요하다. 회의 등에서 당사자의 입장에서 의견을 말할 수 있었는가, 결정에 참여하여 의견을 개진할 기회가 있었는가, 또는 '소속감 = 커미트먼트'를 느낄 수 있었는가가 중요하다. 자신이 직접 참여함으로써 공동 책임과 같은 의식이 생겨나서 "자신이 결정했다"는 생각을 가질 수 있게 된다. 직장에서의 존재 의의를 확인할 수 있을 뿐만 아니라 "자신이 결정한" 일에 대해서는 누구든지 책임을 가지려는 의식이 높아져서 자연스럽게 모티베이션이 향상되는 것이다.

회의에서 논의를 했음에도 불구하고 "그럼 나머지는 부장과 내가 결정하겠다"는 상사의 태도는 거론할 가치조차 없다는 것은 말할 필요도 없다.

물론 상사의 입장에서는 "의견을 요구해도 제대로 말할 수 있는 부하가 없다" "결정을 맡기면 위험이 크다"는 반론이 있을 수 있다는 것도 인정한다. 그러나 이는 달걀이 먼저인지 닭이 먼저인지를 다투는 것과 마찬가지로 "상사가 의견을 요구하거나 결정을 맡겨본 적이 없기 때문에 부하가 의견을 제시하지 않거나 제대로 된 결정을 하지 못하는" 것은 아닐까. 지금까지 의견을 개진할 수 있는 상황이 만들어지지 않았다면 회의 중에 '자신의 의견'을 생각하는 습관은 형성되지 않을 것이며, 무언가 자신이 결정해야 하는 상황을 경험해 보지 않았다면 그 결정에 따른 영향과 위험까지 생각이 미치지 못하는 것은 당연하다.

■때로는 대담하게 부하 직원의 의견에 따라 본다

어느 정도는 '익숙함'의 문제라고 할 수 있으며 상사가 다소의 코스트가 소요될 것을 각오하고 부하 직원에게 의견을 개진할 수 있는 상황과 결정을 내릴 수 있는 상황을 만들어야 하는 것이다. 의견을 요구하여 부하가 고민하면 회의는 길어진다. 또, 부하 직원이 내린 결정을 묵인한 결과로 그것이 실패하면 뒷수습도 하지 않으면 안 된다. 그러나 그러한 코스트를 부하의 모티베이션 향상을 위한 교육비용이라고 생각하면 결코 과다한 비용은 아닐 것이다.

예를 들면 해당 연도에 담당해야 할 거래처를 부서 내에서 의논한다고 하자. 기존에 거래 금액이 큰 회사를 담당해 온 부하 직원이 다른 곳으로 이동해 버렸다. 상사의 마음은 그 다음 선임 격인 부하에게 그 고객들을 맡기려고 생각하고 있었다. 그러나 회의에서 선임 격인 부하 직원보다 2년 정도 아래인 사람을 추천하는 목소리가 많았다고 하자. 선임 격인 부하 직원은 교육을 담당해야 하는 등 그 외에 맡고 있는 일에 대한 부담이 크기 때문이다. 이 경우, 상사는 고민을 할 수밖에 없는데 "실패했을 때는 교체하면 된다"는 정도의 마음으로 부하들의 의견에 따라 보는 것도 그들의 모티베이션 향상책으로서는 중요하다. 회의에서 추천 받은 부하는 업무에 진지하게 임할 것이며, 의견을 개진한 부하들도 자신의 의견이 효력을 발휘

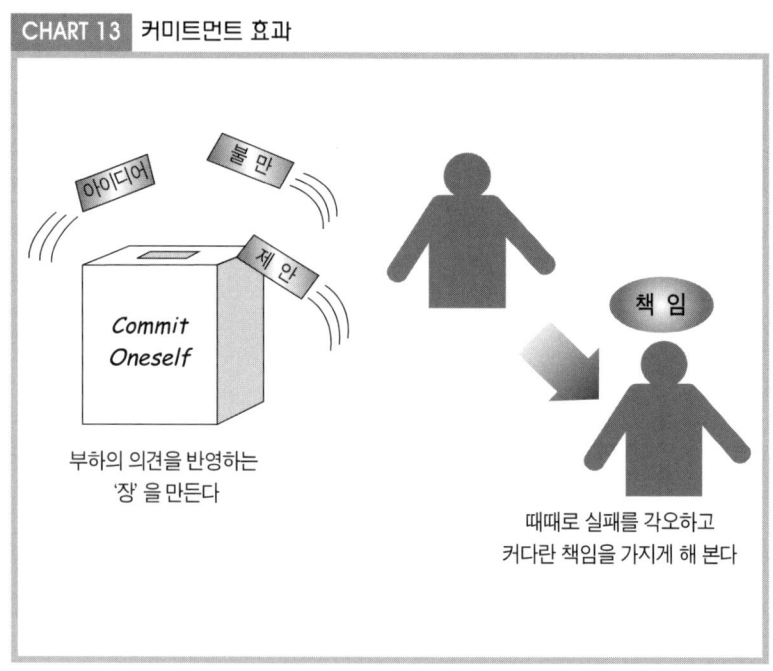

CHART 13 커미트먼트 효과

아이디어

불만

제안

Commit
Oneself

부하의 의견을 반영하는
'장'을 만든다

책임

때때로 실패를 각오하고
커다란 책임을 가지게 해 본다

한다는 '성취감'을 실감할 수 있을 것이다.

회의와 같이 의사 결정이 필요한 상황에서 상사가 항상 자신의 의견을 요구하거나 이끌어 내려고 하면 부하 직원은 "자신은 상사에게 중요한 브레인이다" "자신의 의견을 참고해 준다"는 생각을 가지게 된다. 상사에 대한 일체감과 동시에 상사에게 기여한다는 자부심이 생겨서 "자신은 다른 어떤 것과도 바꿀 수 없는 회사의 일원"이라는 존재감이 모티베이션 향상으로 이어진다. 이러한 기분은 앞에서 언급한 것처럼 "자신은 이 회사에 있으나 없으나 마찬가지다"라는 소외감의 대칭점에 있다고 할 수 있다.

즉, 상사는 부서 내의 모티베이션을 유지하기 위해 부하가 언제나 "나는 소중한 회사, 또는 부서의 일원이다"고 생각하게 만들어야 할 책임이 있다.

대부분의 직장은 신인에서 베테랑까지 다양한 멤버로 구성되어 있다. 경우에 따라서는 영업, 어시스턴트 등의 사무직, 기술자, 연구 개발직 등 다양한 직종이 혼재되어 있는 경우도 있을 것이다. 상사는 신인에 대해서는 "전례에 구애받지 않는 신선한 관점에서 바라본 의견을 듣고 싶다", 베테랑에 대해서는 "풍부한 지식과 경험을 바탕으로 한 의견을 듣고 싶다"고 본인이 "왜 자신에게 이 상황에서 의견을 요구하는지"를 납득할 수 있는 질문을 해야 한다. 그렇지 않으면 단순히 전원에게 의견을 듣는 '형식적인 행사'로 바뀌어 버릴 우려가 있다. 이래서는 부하에게 '소속감'을 느끼게 할 수 없다.

또, 직종을 초월한 의견 교환을 하는 등 자신이 회사의 경영 전체에 참여하고 있다는 느낌을 가지게 하는 것도 커다란 의미를 가진다. 한 쪽의 입장에서 밖에는 업무를 바라보지 않는 경우, 영업 담당자는 이익만을 우선하고, 연구 개발자와 기술자는 품질만을 추구하며, 관리 부문은 납기만을 신경쓰는 등 회사 내의 연계가 제대로 이루어지지 않는 경우가 많다. 연구 개발자가 영업 현장의 의견을 들음으로써 '품질' 뿐만 아니라 '스피드'와 '비용'을 의식하게 되는 것은 업무를 자신의 작품으로 인식할 뿐만 아니라 그것이 사업의 틀 속에서 중요한 역할을 한다는 데에 생각이 미쳤을 때일 것이다. 입장과 직종을 초월한 커뮤니케이션을 통하여 '자신의 업무'에서 '사업'으로 한 단계 높은 관점에서 사물을 보게 되어 "나는 이 부서에 필요한 사람이다"에서 "나는 이 회사에서 없어서는 안 될 존재이다"라고 보다 큰 존재감을 실감할 수 있는 것이다.

5

Recruiting Effect

채용 활동에 참여시켜라

■채용 활동에 참여시켜서 스스로 자신의 원점을 재확인시킨다

모티베이션을 높게 유지하거나 혹은 저하된 모티베이션을 향상시키기 위한 시책의 하나로, 채용자의 역할을 담당케 하거나 면접을 담당하게 하는 등 자사의 채용 활동에 참여시키는 방법을 들 수 있다.

채용 활동에는 신규 졸업자 채용이든 경력자 채용이든 그 회사에 입사를 희망하는 사람들과 이야기를 해 볼 수 있는 기회가 주어진다. 입사 희망자는 기본적으로 "그 회사에 들어가고 싶다"는 의욕을 가진 사람이기 때문에 텐션이 높은 상태에 있는 경우가 대부분이다.

이처럼 의욕이 높은 사람과 접촉함으로써 종업원이 자극을 받는 효과가 있다. 일에 대한 의욕을 불태우는 '초심'을 접하기도 하고 "과거에는 나에게도 이런 시절이 있었지"라고 돌이켜봄으로써 자신도 업무에 열심히 몰입해 보자는 열의에 불이 붙게 되는 것이다.

자신의 입사 동기와 업무 내용에 대해 입사 희망자로부터 반드시 질문을 받게 될 것이다. 입사한 후 같은 일을 반복하면서 일정 기간이 지나가면 일상 업무에 휘둘리게 되어 자칫하면 "이 회사에 무슨 매력을 느끼고 입사했는지" "이 업무의 어떤 점이 재미있는지" 등을 잊어버리기 쉽다. 다른 사람으로부터 새삼스럽게 질문을 받게 되면 자신의 내면 속에서 매력과 재미를 말로 표현하려고 노력한다. 말로 표현해 봄으로써 희미해져 있던 회사와 업무의 매력을 재인식하는 계기가 될 수 있는 것이다. 예를 들면 매일 매출전표의 기표에 쫓기고 있는 경리 담당자가 "회사의 성장을 직접적으로 느낄 수도 있고, 숫자로 고객의 평가를 실감할 수 있다. 그것을 내년도 경영 계획에 반영하는 등 경영과 직결되는 업무를 한다는 재미가 있다"고 표현할 것이다. 취재에 질려있는 편집자가 독자로부터 "그 때의 그 기사를 한번 더 읽고 싶습니다. 낙담하고 있을 때였는데 큰 힘이 되었습니다"는 등의 전화를 받으면 자신이 취재한 기사가 사람들에게 도움이 되고 있다는 것을 실감하곤 한다고 말하는 경우를 볼 수 있다. 이러한 순간에 "아, 그랬었지"라고 자신의 업무를 재평가할 수 있게 된다. 즉, 회사와 업무에 대한 인식을 입사했을 때의 상태로 리셋(Reset) 할 수 있는 것이다.

채용 활동의 경우 조직에 소속되어 있는 사람의 의무로서 과장은 하지 않더라도 회사와 업무 내용의 매력을 입사 희망자에게 전달하지 않으면 안 된다. 자사의 매력과 업무 내용에 대해 다시금 생각해 볼 수 있는 기회인 것이다.

이 때 래더(사다리) 효과의 설명 부분에서도 언급한 것처럼 자신의 업무를 보다 상위 개념으로 파악하는 방법을 통하여 "당신의 업무를 어떻게 전달하면 입사 희망자가 보다 매력적으로 느끼게 될까"라고 부하 직원에게 질문을 한다면 더욱 효과는 높아질 것이다. 앞의 예를 인용하면, 경리 담당자는 "매일 전표의 기표 업무를 담당하고 있다"고는 하지 않을 것이며, 편집자도 "매일 바쁘게 사람들의 이야기만 들으러 돌아다니고 있다"고는 표현하지 않을 것이다. 다시 한번 자신의 업무에 대한 의미와 의의를 되새겨 보게 될 것이다.

■채용 활동을 '채용'에만 그치게 하지 말라

최근 많은 기업에서 채용 비용을 절감하기 위해 면접 횟수를 줄이고 현장의 종업원에게 면접해 볼 기회를 주지 않는 경향이 나타나고 있다. 물론 면접 횟수를 늘리고 면접을 담당하는 사람을 증가시킬수록 비용이 늘어나는 것은 사실이다. 그러나 이러한 회사는 채용 활동의 역할이 "좋은 인재를 채용하기 위해서"라고만 인식하고 있는 것이다. 당연히 옳은 말이지만 채용 활동은 "왜 자신은 이회사에서 계속해서 일을 하고 있는 것인지"를 기존의 종업원에게 생각해 보게 하는 역할도 한다는 것을 잊어서는 안 된다. 채용 활동은 매우 효과가 큰 '교육 기회'인 것이다. 리쿠르팅(Recruiting) 효과를 재인식하고 교육 비용을 생각해 본다면 면접 횟수가 증가하는

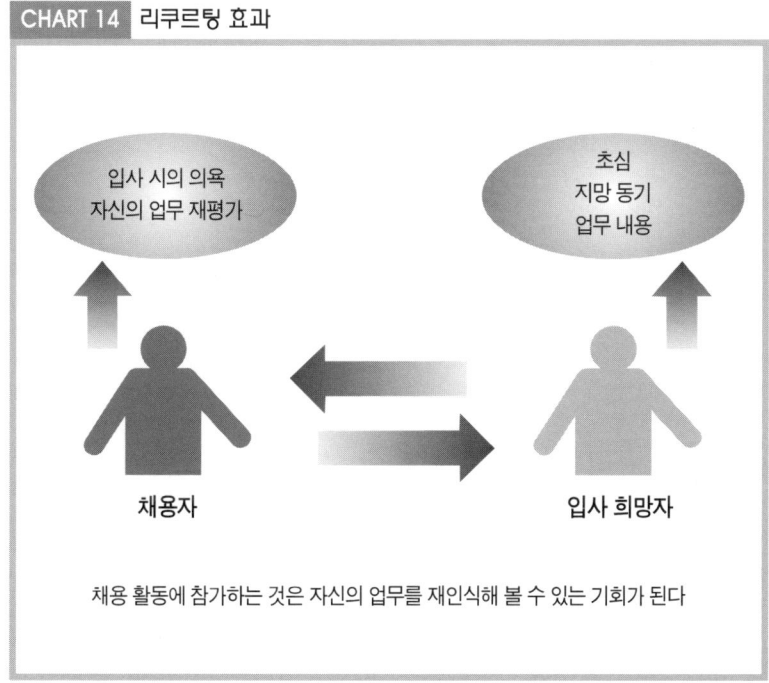

CHART 14 리쿠르팅 효과

입사 시의 의욕
자신의 업무 재평가

초심
지망 동기
업무 내용

채용자

입사 희망자

채용 활동에 참가하는 것은 자신의 업무를 재인식해 볼 수 있는 기회가 된다

비용과 수고는 충분히 보상받을 수 있지 않을까?

물론 기업에 따라서는 회사 차원에서 통일된 방법으로 채용이
이루어지기 때문에 부서의 재량으로 어떻게 할 수 없는 경우도 있
을 것이다. 이런 경우에는 입사 희망자가 아니더라도 신입 사원과
솔직하게 교류할 수 있는 기회를 만드는 것만으로도 효과를 기대할
수 있다. 신입 사원이 "이것을 하고 싶다" "앞으로 이러한 지식을
쌓고 싶다"는 등의 말을 하는 것을 듣는 것만으로도 부하 직원에게
는 신선한 공기를 접할 수 있게 되는 것이다. 회사와 부서의 상황에
따라 부하 직원을 초심으로 돌아가게 하는 방법을 강구하여 부하
직원의 '리셋'을 지원할 필요가 있다.

6

Role Model Effect

이상형으로 삼을 대상자를 구체화하라

■업무상의 '히어로'를 설정한다

목표를 명확히 하기 위한 목표 설정(Goal Setting)의 중요성에 대해서는 앞에서 설명했다. 그러나 목표는 수치로 나타내는 경우를 제외하고는 그 내용이 막연해서 공유하기 어렵고 좀처럼 구체적인 목표로 표현하기가 힘든 것이 현실이다.

이러한 문제를 해소하기 위해 자신의 가까운 장래 모습을 그려 볼 수 있도록 그 사람이 모범으로 삼을 만한 인물 즉, 롤 모델(Role Model, 역할 모델)을 지정해 주는 것이 효과를 발휘한다.

목표를 달성하는 사람, 그리고 성과를 올리는 사람들의 공통점은 모두 자신의 꿈과 목표를 명확히 가지고 있고, 그것을 실현하기 위한 시나리오를 가지고 있다는 점이다. 그리고 그 시나리오에 따라 자신이 움직일(연기를 할) 수 있다는 것은 말할 필요도 없다. 즉, 성공한 자신의 모습을 분명하게 그려 놓음으로써 그곳에 이르는 프로세스와 행동까지 결정할 수 있는 것이다.

그러나 지금까지 목표를 가지고 있지 않았던 사람에게 "목표를 분명하게 가져라"라고 말한다고 해서 그것이 가능해지는 것은 아니다. 이 때 효과적인 것이 롤 모델의 존재이다. 롤 모델이란 환언하면 '히어로'라고 할 수 있다.

어렸을 때 TV 프로그램에 등장하는 히어로, 예를 들면 지구를 지키는 로봇으로 변신하는 모습을 흉내내 본 경험은 누구에게나 있을 것이다. 그 당시에는 누가 싸움을 걸어와도 이길 수 있다고 착각하곤 했다. 드라마 주인공의 모습과 행동을 흉내냈던 적도 있었을 것이다. 얼마 전에 방영된 드라마에서 주인공이 입었던 수십만 엔이나 하는 양복이 날개돋친 듯이 팔려 나갔다고 한다. 주인공과 같은 양복을 입음으로써 자신도 멋있어지고 행복해 질 수 있다는 착각을 일으키는 것이다. 그 양복을 입었을 때는 걸음걸이, 행동거지도 드라마의 주인공처럼 우아해 지는 법이다. 나아가, 항상 걸어다니던 길조차도 드라마의 배경처럼 아름답게 보일 것이다.

롤 모델의 존재가 그 사람의 사물에 대한 시각과 행동까지도 결정한다. 다이어트를 할 때, 그저 묵묵히 운동을 하는 것만으로는 자신이 이상형으로 생각하는 체형으로 좀처럼 바뀌지 않는다고 한다. 그러나 이상형으로 생각하는 체형을 가진 연예인의 포스터를 방에 붙여두고 매일 이미지 트레이닝을 하는 것만으로도 상당하게 체형

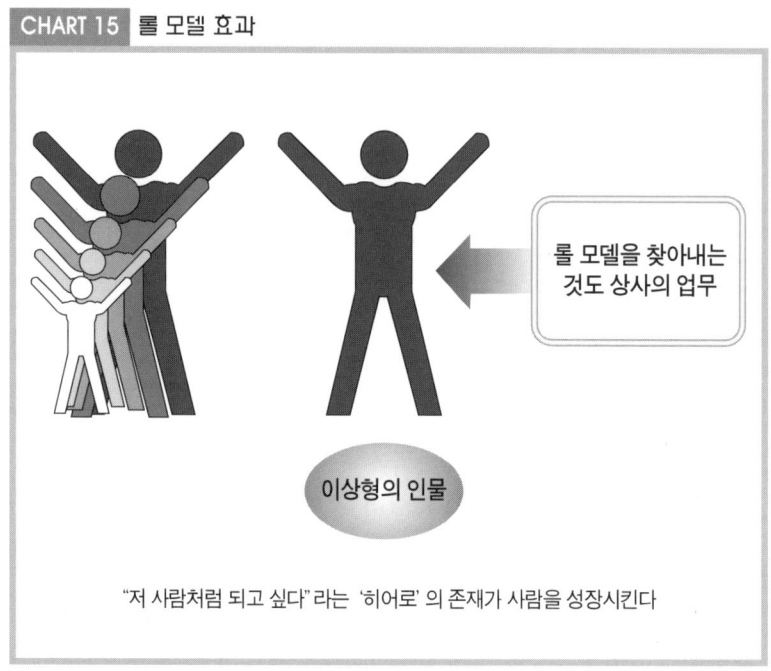

CHART 15 롤 모델 효과

롤 모델을 찾아내는
것도 상사의 업무

이상형의 인물

"저 사람처럼 되고 싶다" 라는 '히어로' 의 존재가 사람을 성장시킨다

이 변화된다. 이상형으로 삼는 모델이 가지는 심리적 효과는 상상
할 수 없을 만큼 크다고 할 수 있다.

업무에 있어서도 롤 모델을 가짐으로써 그 사람의 행동이 크게
변화한다. 때문에 가능한 한 주변의 인물을 선정하여 이상형으로
삼을 수 있는 대상자를 구체화해 줄 필요가 있는 것이다. 그것은 상
사 자신이어도 상관없으며, 부하의 선배 중에 높은 성과를 올리고
있는 인물이어도 좋다. 더욱 장기적인 관점에서 모범으로 삼도록
정년이 가까운 존경받는 인물을 지정해 주는 것도 괜찮을 것이다.
"자신이 정년에 가까워졌을 때도 이 사람처럼 되고 싶다"고 생각하
게 된다. 무엇보다 매일 접할 수 있는 사람의 행동을 흉내내기 쉽도

록 하는 효과가 크다.

단, 주의해야 할 점은 롤 모델도 부하 관리 방법과 마찬가지로 원투 원(One to One)이어야 한다는 것이다. 모든 부하에게 "A씨처럼 되라"고 하는 것은 그다지 효과적이지 못하다. 본인의 사고, 행동, 욕구와 향후 목표로 하는 커리어의 방향성을 파악하여 그에 가까운 인물을 롤 모델로 삼지 않으면 안 된다. 어디까지나 부하 본인이 "동경심을 가질 수 있을 것"이 중요한 것이다.

■롤 모델의 유무는 회사의 인재 전략에도 영향을 미친다

인재 채용이라는 관점에서 본다면 채용자에는 가능한 한 매력적인 인재를 배치하여 롤 모델의 효과를 노려야 한다. 특히, 신규 졸업자 채용의 경우에는 '사람의 매력'에 이끌리게 되어, 그 회사에 대한 입사 의욕이 높아지는 경우가 많기 때문이다. "저 사람처럼 되고 싶다"고 학생들이 생각하게 만들 수 있다면 채용할 수 있는 확률이 상당히 높아진다.

한편, 반대의 경우도 있다. 여성의 활약이 눈에 띄게 많아져서 여성 과장과 부장이 많은 회사가 있다. 이 회사에서 몇 년 동안 일한 후 퇴직하는 여사원이 비공식적으로 "과장이나 부장처럼 되고 싶지 않아서 그만 둔다"고 말하는 경우를 자주 본다. 즉, 그 회사에서 커리어를 쌓은 과장과 부장 중에서 자신의 롤 모델이 될만한 사람을 찾지 못했다는 것이다. 물론 이런 이유로 그만두는 여사원들이 그 회사의 모든 여성 관리자와 접해 본 것은 아니다. 가까운 곳에 없다면 상사가 교류 기회를 가질 수 있도록 해 주는 등 롤 모델을 찾을 수 있도록 지원해 주지 않으면 안 된다.

만약 부하 직원이 지향하는 적당한 인물을 찾지 못했을 때는 부하 직원과 상담하여 주변에 "업무와 관련하여 인간적으로라도 존경할 수 있는 인물이 없는지" 의논을 해 본다. 그래도 적당한 인물이 없으면 "업무를 추진하는 방법은 A씨" "사람들과 지내는 방법은 B씨" "목표로 한 커리어의 방향은 C씨" 등 여러 사람의 장점만을 조합하여 롤 모델을 만들어 내는 방법을 생각해 볼 수도 있다. 그리고 가능한 한 "A씨의 업무 추진 방법" 중에서 어떤 부분을 배울 것인지 구체적인 행동까지 지도해 주는 것이 바람직하다.

일상적으로 접할 수 있는 이상형의 사람을 가짐으로써 "저 사람처럼 되기 위해 노력하자" "존경할 수 있는 인물이 있으니까, 이 회사에서 열심히 일할 수 있다"는 기분이 생겨나서 높은 모티베이션을 유지할 수 있다.

그리고 롤 모델의 존재에 가까워지려고 부하 직원이 노력하면 당연히 성장이 빨라진다. 순식간에 롤 모델과 비슷한 수준까지 도달하는 부하도 있을 것이다. 이 때 그냥 내버려두어서는 안 된다. 롤 모델의 수준에 가까워져 버리면 부하는 목표를 잃어버리고 노력을 게을리 할 가능성이 있다. 이를 방지하기 위해서 적당한 시기를 보아 다음의 롤 모델을 설정해 주지 않으면 안 된다. "당신은 이제 그 사람과 같은 수준까지 도달했다"는 말로 성취감을 느끼게 하고, 그곳까지 도달한 기쁨을 실감시킨 후에 다음의 성장을 촉진하는 지원을 계속해야 하는 것이다.

7

Only One Effect

개성과 희소성을 발견하라

■ 부하 한 사람 한 사람의 장점을 발견한다

최근 변화가 보이고 있기는 하지만 대부분의 일본인들은 다수파와 소수파로 나뉠 경우 다수파에 소속됨으로써 안정감을 가진다. 그러나 다른 한편으로는 대중 속에 묻혀버리고 싶지 않은 자신, 다른 사람들과는 "이것이 다르다"고 다수파가 아닌 부분에 대하여 프라이드를 가지는 심리도 함께 있어야 하는 것도 사실이다. 그러한 '개성' '희소성'을 부추김으로써 개인의 모티베이션을 향상시키고 나아가서는 조직의 변혁을 촉진하는 효과를 기대할 수 있다는 점을 인식할 필요가 있다.

조직이란 전혀 다른 환경에서 자란 인재들의 모임이다. 사람은 환경에 크게 좌우되기 때문에 커뮤니케이션 방법, 업무 수행 방법, 사물에 대한 사고 등 모든 것이 다른 사람들로 구성되어 있다. 그렇기 때문에 부하 한 사람 한 사람의 '좋은 부분' '다른 사람과는 다른 부분' 등 개성과 희소성을 찾는 노력이 필요하다.

　지금까지는 부하 직원을 칭찬한다고 하더라도 매출의 증가나 개선을 위한 제안 등 눈에 보이는 성과에 대해서만 칭찬을 해 온 경우가 대부분일 것이다. 그 사람의 행동과 사물에 대한 생각 속에서 칭찬할 부분을 찾는 노력을 해 온 상사는 그다지 많지 않을 것이다. 오히려 부하 직원의 나쁜 부분에 대해서만 주목해 온 상사마저 있을지 모른다.

　만약, 그러한 관점으로 밖에는 부하 직원을 대해 본 적이 없다면 부하 한 사람 한 사람의 행동과 사물에 대한 사고 방식을 찬찬히 관찰해 보아야 한다. 그렇게 하면 반드시 온리 원(Only One)의 요소, 다른 사람에게는 없는 점을 발견할 수 있을 것이다. 예를 들면 "절대 지각을 하지 않는다" "벨이 두 번 이상 울리기 전에 반드시 전화를 받는다" "고객의 요구에 대해 그 날 중으로 어떤 해답을 제시한다" "언제나 웃는 얼굴을 유지한다" "인사할 때의 목소리가 크고 늘 활달하다" "독특한 관점을 가지고 있어서 회의 등에서 크게 히트하는 안건을 내놓는 경우가 많다" 등등 열거하자면 끝이 없지만 다른 사람보다 우수한 점을 몇 개라도 발견할 수 있을 것이다.

　물론 나쁜 점도 함께 보이게 될 것이다. 그러나 그런 나쁜 점에 대해서는 기회를 보아 주의를 주기로 하고 우선은 좋은 점에만 초점을 맞출 필요가 있다. 그 나쁜 부분이 업무에 지장을 줄 정도로 중대한 문제라면 별개지만, 나쁜 부분을 철저하게 고치는 것보다 좋은 부분을 더 키워주는 것이 전체적인 수준 향상으로 이어진다. 일본의 교육은 부족한 부분을 없애려고 하는 생각이 바탕에 깔려 있다. 교육에 대하여 옳고 그름을 여기서 논할 생각은 없으나, 업무와 관련된 인재 육성은 서구의 경우처럼 그 사람의 좋은 부분, 재능이 있는 부분을 가능한 한 더 발전시켜 주는 방법을 취하는 편이 더욱 효과가 높을 것으로 판단된다.

상사가 발견한 우수한 부분은 부하 직원에게 피드백 해 주어야 한다. "당신의 사물에 대한 관점은 상당히 독창적이다. 회의가 잘 진행되지 않을 때 당신의 의견은 많은 도움이 된다" "인사하는 목소리가 활기에 넘친다고 거래처의 A씨가 말하더군. 다른 사람들에게도 좀 배우라고 해야겠어" 등 "다른 사람보다 우수하다" "그것이 그 사람의 개성이다"라는 점을 강조하여 칭찬하면 효과적이다. 칭찬을 받은 내용이 그 부하 직원이 의식적으로 노력하는 부분이라면 "상사는 틀림없이 나를 살펴봐 주고 있다" "나를 인정해 주는 사람이 있다"는 점에 기쁨을 느낄 것이며, 그 내용이 혹시 본인이 여태껏 느끼지 못하던 매력이라면 자신의 개성을 발견했다는 점에 기쁨을 느낄 것이다. 부하 직원은 칭찬을 받은 후에는 그 부분을 더욱 발전시키려고 노력하게 된다. 또, 자신을 주목하는 사람이 존재한다는 생각에서 업무에 임하는 자세와 일상의 커뮤니케이션 등에도 신경을 쓰게 된다.

■액티브 마이너리티를 활용한다

그리고 더 나아가서 이 부하 직원의 좋은 부분을 다른 부하 직원은 물론 부서 전체로 확대해야 한다.

여러분은 '액티브 마이너리티'라는 단어를 알고 있는가. 조직 내에서 마이너리티(Minority, 소수파)이면서도 주위로부터 공격을 받아도 굴하지 않고 압력을 받아도 자신의 주장을 굽히지 않는 강인함을 가진 사람을 액티브 마이너리티라고 하며, 이러한 사람들이 조직 변혁의 엔진이 될 수 있다.

앞에서 부하 직원의 개성을 자각시켜서 그것을 발전시켜야 한다고 설명했는데, 이를 통하여 그 부하의 개성은 강인함을 가지게 된다. 다수파가 아무리 자신과는 반대되는 행동과 사물에 대한 사고 방식을 보이더라도 이에 굴하지 않고 오히려 조직 전체에 자신의 개성을 파급하게 되는 것이다.

일본의 정치 세계를 보면 때로 '액티브 마이너리티'가 되려는 정치가를 볼 수 있다. 그러나 오랜 기간 지속되어 온 일당 지배 체제를 뒤바꿀 수 있는 액티브 마이너리티는 아직 나타나지 않고 있다. 주위에 굴하지 않고 자신의 주장이 배척 당하더라도 굽히지 않는 사람은 있다고 하더라도 그것을 상사가 뒤에서 지원해 주지 않으면 좀처럼 마이너리티를 메저리티(Majority, 다수파)로 만드는 것은 어렵다.

이를 회사라는 조직에 적용해 보면 아무리 마이너리티가 열심히 하려고 해도 상사가 그것을 지원해 주지 않으면 액티브 마이너리티가 되어 그 효과를 조직 전체로 파급할 수 있는 데까지는 이르지 못한다는 것이다.

CHART 16 온리 원 효과

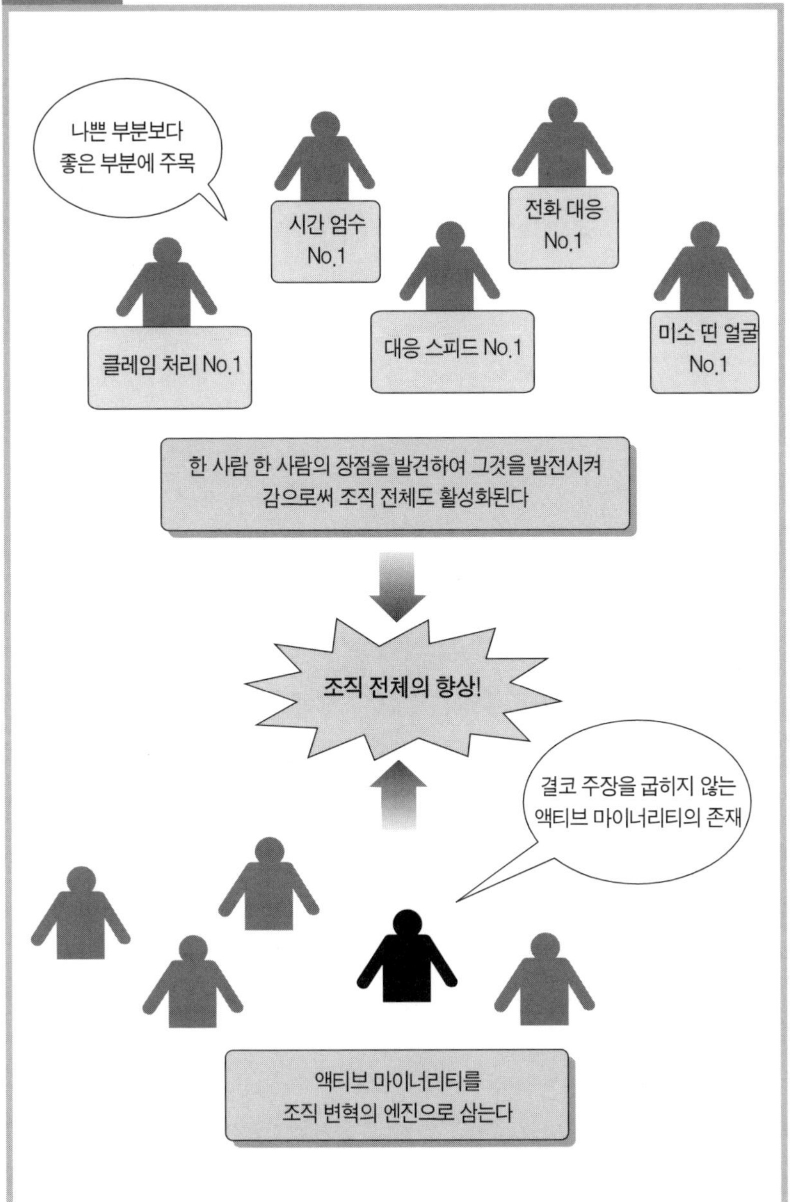

나쁜 부분보다
좋은 부분에 주목

시간 엄수
No.1

전화 대응
No.1

클레임 처리 No.1

대응 스피드 No.1

미소 띤 얼굴
No.1

한 사람 한 사람의 장점을 발견하여 그것을 발전시켜
감으로써 조직 전체도 활성화된다

조직 전체의 향상!

결코 주장을 굽히지 않는
액티브 마이너리티의 존재

액티브 마이너리티를
조직 변혁의 엔진으로 삼는다

한편, 부하 직원의 개성 중에는 간과해서는 안 되는 나쁜 습관, 행동 특성, 사물에 대한 부정적인 관점도 있다. 이를 방치해 두면 자칫하면 그것이 액티브 마이너리티가 되어 조직 전체를 갉아 먹어 버리는 경우도 있다. 나쁜 습관과 행동 특성은 "지각이 많다" "문제를 뒤로 미룬다" "회의에서 다수파에 영합한다" 등 대체로 '편안한' 것들인 경우가 많다. "저 사람에게 허용되니까 나에게도 허용될 것이다"는 식으로 조직 전체가 쉽고 편한 것만을 추구하는 방향으로 흘러가서 모티베이션의 저하를 초래하는 경우도 있다.

부하의 우수한 개성을 발견하고 그것을 발전시켜서 조직에 파급시키는 온리 원 효과를 창출하는 것이 관리자의 역할이라는 점을 인식해야 한다.

8

Role Playing Effect

역할 연기로 관점을 이동시켜라

■모티베이션을 향상시키기 위한 롤 플레잉이란?

롤 플레잉(Role Playing, 역할 연기)을 신입 사원 연수에서 활용하는 기업은 많다. 예를 들면 영업직 신입 사원 연수에서 고객을 방문했을 때의 상황을 설정해 놓고 고객 역할을 하는 사람에게 프리젠테이션을 하는 식이다. 실제로 고객을 방문하기 전에 고객 방문처에서 일어날 수 있는 여러 상황을 가상으로 체험하는 것이다. 프리젠테이션의 연습뿐만 아니라 고객 역할을 하는 사람이 적당히 분쟁거리를 준비하여 그에 대처하는 연습도 이루어진다. 가상 체험이기는 하지만 아무런 사전 경험 없이 고객 앞에서 프리젠테이션을 하는 것보다는 훨씬 낫다. 고객 앞에서의 행동, 언동 등을 사전에 연습해 두는 만큼 다음에 고객이 어떤 말을 할지, 그리고 자신은 어떻게 해야 하는지를 어느 정도 예측할 수 있게 되는 것이다.

이는 "실제적으로는 사내에" 있지만 "고객을 방문했다고 가정하는" 롤 플레잉이다. 이러한 롤 플레잉의 형태를 바꾸어 매니지먼트에 활용하면 효과적인 모티베이션 시책이 될 수 있다.

사람은 "무엇인가 역할을 연기" 함으로써 평상시에는 느끼지 못하던 무엇인가를 느낄 수 있는 법이다. 앞의 예를 인용하면 "긴장한다" 거나 혹은 "말이 빨라진다" "거만해 진다" 는 등의 "고객 방문처에서 자신이 범하기 쉬운" 잘못을 인식할 수 있어서 언동과 태도에서 고쳐야 할 부분을 알 수 있게 된다.

이를 모티베이션 향상의 방법으로 활용할 때는 업무에 익숙해지도록 하기 위한 연수와는 달리 자기 자신이 아닌 누군가의 역할을 연기해 보게 하는 것이 중요하다. 부하의 경우는 상사의 역할, 영업직은 고객의 역할, 개발 업무를 담당하는 사람은 그것을 판매하는 영업직의 역할, 또 신입 사원은 경영 간부의 역할 등 다른 역할을 가진 사람이 되게 하여 회의나 논의에 참가시켜 본다. 이렇게 함으로써 다양한 관점에서 상황을 파악할 수 있게 되는 것이다.

사람이 많아져서 복수의 역할을 가진 사람이 혼재하게 되면 역할 사이에 반드시 대립이 발생한다. 상사와 부하, 경영진과 종업원, 개발직과 영업직, 신입 사원과 선배 사원 등 어느 한 쪽이 나쁜 것이 아니라 상대방의 입장을 이해하지 못하는 데 따른 벽이 생겨버리는 경우가 흔히 일어난다. 이 벽에 의해 개인의 시야가 좁아져 버리는 것이다. 상사가 우유부단하다고 생각하는 부하 직원을 많이 볼 수

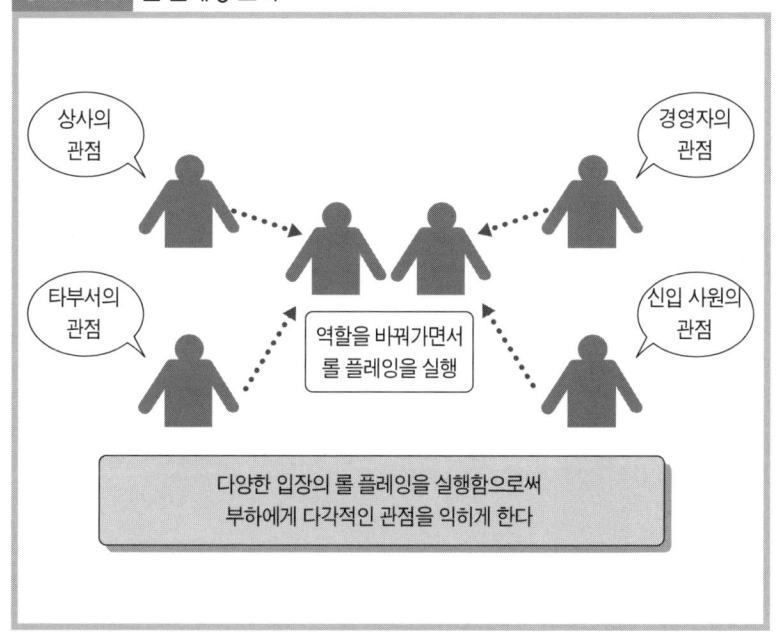

CHART 17 롤 플레잉 효과

상사의
관점

경영자의
관점

타부서의
관점

역할을 바꿔가면서
롤 플레잉을 실행

신입 사원의
관점

다양한 입장의 롤 플레잉을 실행함으로써
부하에게 다각적인 관점을 익히게 한다

있다. 이는 부서간 그리고 부하와 부하 사이를 조정하면서 균형 있게 일을 추진해 나가야 하는 상사의 상황을 제대로 이해하지 못한 데서 오는 경우가 많다.

오로지 성과만 올리려는 마음 때문에 주위가 보이지 않게 되는 경우도 있다. 극단적인 예로 매출액에만 신경이 팔려서 고객의 니즈를 놓쳐버리는 영업을 하는 경우를 볼 수 있다. 이는 '판다'는 역할의 관점에서만 사물을 보기 때문에 전체라는 관점을 잃어버리고 있는 것이다.

부하 직원이 이러한 상황에 빠져 있을 때 다른 역할을 연기해 보게 하는 롤 플레잉이 효과를 발휘한다. 언제나 자신의 눈으로 바라

보고 있는 지면은 평평하다. 그러나 우주선의 힘을 빌려서 성층권 밖으로 나가 보면 지구가 둥근 공의 형태라는 것을 알게 된다. 우리는 지구가 둥글다는 사실은 알고 있었다고 하더라도 우주로 나가 보지 않으면 그것을 실감하지 못한다. 이처럼 평상시에 자신과는 다른 역할을 하는 사람의 업무와 사고방식을 접하고 있어도 실제로 그 사람의 입장이 되어 보지 않으면 좀처럼 진정한 이해를 하지 못한다. 이를 롤 플레잉으로 가상 체험케 하여 보완해주는 것이다.

■반대편 입장에 서게 함으로써 조직 전체를 의식할 수 있게 된다

디베이트(Debate)란 어떤 현상이나 과제에 대해 찬성과 반대의 입장에 서게 하여 토론하는 것을 말한다. 예를 들면 흡연에 '반대'하는 사람을 '찬성'의 입장, 즉 대칭되는 입장에 서게 하여 '반대'를 주장하는 사람과 토론하게 하면 '찬성'의 이유를 설명하는 가운데 자신도 모르는 사이에 본심도 '찬성'으로 기울어지게 된다고 한다. 롤 플레잉에서도 동일한 현상이 일어날 수 있어서, 그것이 비록 가상 체험이긴 하지만 다른 입장과 역할의 이해로 이어지게 된다.

영업 담당자가 고객의 역할을 연기하면서 다른 영업사원의 프리젠테이션을 듣고 부하가 상사의 역할을 하면서 부서 회의에 참가하게 한다. 또, 부하들에게 경영진의 역할을 연기하게 하여 회사의 향후 사업 방침을 의논하게 하는 등으로 부하들에게 평상시의 자신과는 다른 역할을 연기하게 해 보는 것이다. 입장을 바꿔서 토론을 해 보면 이상하게도 평상시와는 다른 관점으로 사물을 파악할 수 있게 된다. 자신이 고객의 입장이 되어 보면 고객이 어떠한 상품과 서비스를 요구하고 있는지, 영업맨이 어떠한 제안을 해 주기를 바라고 있는지, 자신이 상품에 대해 설명하는 것은 알아듣기가 쉬운지 등을 생각해 보게 된다. 개발 스탭이 영업 담당자의 입장에 서 보면 기존에 "사용하기 쉽다"고 믿어 온 자사 제품의 문제점과 고객에 대해 설명하기 어려운 부분에 대해서 생각해 보게 된다. 상사의 입장에서 회의에 참가해 보면 자신이 왜 그 일을 담당하고 있는지, 왜 어려운 고객들만 담당하게 하는지, 목표치는 왜 이 수치가 되는지 등 전체의 균형이라는 관점에서 생각하게 된다. 그리고 경영진이 되어 보면 어려운 경영 환경 속에서 개인의 목표 달성이 회사의 성장에 어느 정도 영향을 미치는지를 생각하게 된다.

즉, 기존에 자신의 눈이라는 필터를 통하여, 자신의 입장에서만 사물을 바라보던 부하가 다른 필터를 통하여 바라보게 됨으로써 조직 전체 속에서 자신의 역할을 알 수 있게 되어 자신의 업무와 다른 사람의 업무 사이의 관련성을 실감한다. 자신이 담당하는 역할의 의미, 자신의 업무에 대한 가치를 알 수 있게 되는 것이다.

매킨토시의 창업 멤버들은 개발, 영업, 관리 등 각자의 역할을 서로 섞어 놓고 토론했다는 이야기를 들은 적이 있다. 회의에서나 혹은 연수에서 이를 도입하는 방법도 있을 것이며, 일상의 업무 속에서 "이 입장에서 생각해 보라"고 상사가 지적해 주는 것만으로도 효과가 있을 것이다. '관점'을 바꿀 수 있는 기회를 제공하는 것이 성장으로 이어지며, 부하 직원은 자신의 역할을 재인식함으로써 높은 모티베이션 상태에서 업무에 임할 수 있게 되는 것이다.

4

Chapter 4

모티베이션 매니지먼트의 실천 (2)
당신은 부하가 무엇을 바라고 있는지 알고 있는가?

1. Rival Effect : 경쟁 상대 · 경쟁 기회를 설정하라

2. Option Effect : 부하가 스스로 선택할 수 있는 기회를 늘려라

3. Thanks Effect : 공헌했다는 실감을 느끼게 하라

4. Spotlight Effect : 이름을 불러주는 기회를 만들어라

5. Knowledge Effect : 포터블 스킬을 의식케 하라

1

Rival Effect

경쟁 상대 · 경쟁 기회를 설정하라

■ 경쟁 의식은 누구나 가지고 있다

"누군가를 이기고 싶다" "지고 싶지 않다"는 욕구는 정도의 차이는 있더라도 누구나 가지고 있다. 라이벌과의 경쟁을 의식할 수 있는 기회를 통하여 사람은 경쟁 의식이 자극되어 갑자기 의욕이 생기는 경우가 많다. 즉, 경쟁 기회를 만듦으로써 종업원의 모티베이션을 향상시킬 수 있는 것이다.

그 방법은 여러 가지가 있지만, 특히 '승패'를 사고와 판단 행동의 중심으로 삼고 있는 사람에게 있어서는 '랭킹'이 가장 효과적이다. 사람마다 정도의 차이는 있겠지만 경쟁 의식을 가지고 있기 때

CHART 18 라이벌 효과

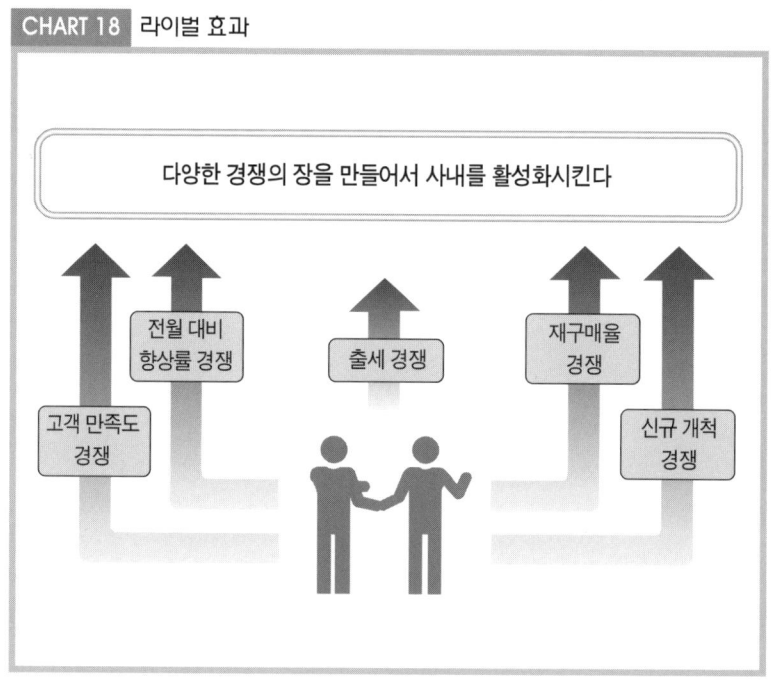

다양한 경쟁의 장을 만들어서 사내를 활성화시킨다

전월 대비
향상률 경쟁

출세 경쟁

재구매율
경쟁

고객 만족도
경쟁

신규 개척
경쟁

문에 효과가 없는 것은 아니다.

중학교나 고등학교 시절, 중간고사나 기말고사에서 성적 우수자의 이름이 게시판에 나붙었던 때를 기억해 보자. 그곳에 자신의 이름이 들어있기 때문에 의욕이 생겼던 경험을 가지고 있는가?

이 원리를 업무에 적용해 보자. 매우 단순한 방법이지만 주 단위, 월 단위 등으로 성적 우수자의 랭킹을 작성하여 공표하거나 칭찬해 주는 기회를 만들면 부하의 모티베이션을 자극할 수 있는 것이다.

또, 전체 성적으로는 우수자에 포함되지 않더라도 국어, 영어, 수학 등 과목별 우수자 속에 포함된 경우, 그 과목만이라도 열심히 하려는 의욕이 생겼던 적은 없는가? 이 방법을 응용하면 '매출 목표 달성률'이라는 지표만으로 평가하는 것이 아니라 '신규 개척 건수' '재구매율' '전월 대비 향상률' 등 다양한 지표로 랭킹을 작성하면 보다 많은 부하의 의욕을 향상시킬 수 있다.

"여유를 가질 수 있는 교육"을 지향하여 수험 전쟁 등의 '경쟁'을 부정하는 경향이 많다. 어린이들의 운동회에서 우열이 분명히 가려지지 않도록 하여 승패와 순위를 명확히 하지 않는 학교도 있다. 또, 달리기를 못하는 어린이를 배려하는 차원에서 미리 카드를 주고 그 카드를 제출하면 몇 걸음 앞에서 출발하는 방식을 도입했다는 바보 같은 이야기도 들린다. 이는 결코 평등한 것이 아니다. 공평성을 잃은 나쁜 평등이다. 물론 달리기를 못하는 아이들에게 운동회는 고통일 것임에 틀림없다. 그러나 예를 들면 공부는 잘 못하지만 스포츠만큼은 자신 있다고 생각하는 아이에게 운동회는 자신이 스타가 될 수 있는 절호의 무대이다. 그 아이에게는 자신감을 되찾을 수 있는 소중한 기회인 것이다. 그 기회를 '평등'이라는 이름 하에 없애버린다면 그 아이가 가진 가능성의 싹을 잘라버리게 되는 것이 될 수 있다.

분명, "수험 전쟁에서 승리하여 대기업에 취직하는 것"을 목표로 하는 시대는 끝났다. "대기업에 취직하는 것이 행복"이라는 도식이 더 이상 성립하지 않게 되었기 때문이다. 그러나 경쟁 자체를 부정하는 것은 사람의 성장을 가로막는 결과를 초래한다. 경쟁을 없애거나 결과를 통제하는 것이 아니라 공부, 스포츠, 예술, 기술 등 종목을 다양화하여 각자의 장점 분야에서 평가하는 것이 중요한 것이다.

■출세 경쟁과는 다른 경쟁의 장을 만들어라

비즈니스의 세계에서도 마찬가지이다. 지금까지는 모두가 그 다음 윗자리로 조금이라도 빨리 올라가려고 출세를 지향해 왔다. 계장 다음에는 과장, 과장 다음은 부장 등으로 위로 올라 갈수록 자릿수는 줄어든다. 소수의 승자와 많은 패자를 만들어 내는 '제로섬(Zero Sum)' 게임이다. 그러나 연공서열과 종신고용 시스템이 붕괴된 오늘날에는 이러한 게임 자체가 의미를 잃고 있다. 부하는 "열심히 해 봐야 자리는 없다"는 것을 알고 있기 때문에 경쟁에 참가하려고 하지 않게 된다. 즉, 과거의 출세 경쟁으로는 부하의 모티베이션을 유지할 수 없게 되어 버린 것이다. 이를 보완하기 위해 상사는 '게임'의 종류를 다양하게 하는 데에 노력해야 한다.

출세 경쟁을 부활시키라는 것이 아니다. 신규 고객 개척 수, 비용 절감률 등 그 부서 업무의 성격에 맞춘 '게임'을 가능한 한 많이 만들어 내고 각각의 부하가 각자의 강점 분야를 발견하여 자신이 높은 평가를 받을 수 있는 분야를 가질 수 있도록 상사가 마음을 쓰지 않으면 안 된다는 것이다. '경쟁'이라는 개념이 사람들의 모티베이션을 높인다는 사실을 상사는 절대 잊어서는 안 된다.

그 부서의 업무가 영업이라면 경쟁시키는 것은 비교적 쉬운 일이다. 그러나 경리나 총무 등의 관리부서, 연구 개발직, 기술자 등에 대해서는 좀처럼 경쟁의 환경을 만들어 내기가 쉽지 않다. 이러한 경우에 효과적인 방법은 경쟁 상대를 설정하는 것이다.

라이벌의 존재는 랭킹을 매기는 것과 마찬가지로 의욕을 낳게 한다. 어떤 과목에서 언제나 자신보다 높은 점수를 얻는 라이벌이 있으면 1등을 하려고 그 과목에 더욱 힘을 쏟게 된다. 이와 동일한 상황을 상사가 만들어 주는 것이다. 능력과 전문 지식의 측면에서 조금 나은 사람을 라이벌로 설정하고 그 사람과 경쟁시킴으로써 모티베이션은 틀림없이 향상된다. 라이벌을 추월하려고 하며 전문 지식의 축적과 업무에 필요한 스킬을 연마하려고 노력하게 되는 것이다.

보다 달성 의욕이 강한 사람에게는 그 사람이 웬만큼 노력해서는 따라갈 수 없는 사람을 라이벌로 설정하여 "쌍벽을 이룰 수 있도록 열심히 노력하라"고 말해 주는 것이 효과적이다.

이처럼 '무엇 대 무엇, 누구 대 누구'의 형태로 '라이벌'의 관계를 명확히 구축함으로써 "상사는 내가 저 사람을 넘어설 수 있을 것으로 보고 있다" "자신을 인정해 주고 있다"라는 기분을 가지게 할 수 있다.

어떠한 직종에서도 상사의 지혜 하나로 '경쟁' 환경은 만들 수 있으며 '경쟁 기회'와 '경쟁 상대'를 적절히 설정하는 것이 라이벌 효과를 낳는 것이다.

2

Option Effect

부하가 스스로 선택할 수 있는 기회를 늘려라

■누구나 선택권을 가지는 시대

자신의 책임 하에 선택할 수 있는 기회를 부여하는 것이 모티베이션 향상 방법으로서 효과적이다. 사람은 자신이 선택한 것에 대해서 수용도가 높기 때문이다.

오랜 역사를 통하여 봤을 때 대부분의 사람들에게 자유로운 선택이 허용된 지는 그리 오래지 않다. 특히 직업 선택에 대해서는 최근까지도 "부모의 가업을 잇는 것이 당연"하다고 인식되어 왔으며, "좋은 대학과 대기업에 들어가는 것이 행복"이라는 의식적인 구속이 최근까지도 존재했다. 그러나 기존의 '행복' 모델이 붕괴됨으로써 '행복'에 대한 가치관이 다양화되어 이제야 겨우 모든 사람이 자유로운 선택권을 가질 수 있게 되었다고 할 수 있다.

물론 선택권을 가진다는 것은 책임도 함께 가진다는 것을 의미한다. 지금까지는 "무엇을 하고 싶은지" "자신에게 가장 훌륭한 선택은 무엇인지"에 대한 생각도 없이 많은 사람들이 '좋은 대학→대기업, 유명 기업'이라는 행복 모델을 목표로 해 왔다. 그러나 그들은 다양한 선택 대안이 주어진 순간 심각하게 고민하게 되었다. 새로 학교를 졸업하는 많은 학생들도 단순히 회사가 크다거나 성장성이 뛰어나다는 등의 지표뿐만 아니라 "자신이 성장할 수 있다" "커리어를 쌓을 수 있다" "하고 싶은 일을 할 수 있다"는 등 자신의 인생 계획에 맞추어 선택하는 경향이 나타나게 되었다. 자신의 인생에 책임을 가지고 그것을 보다 가치 있게 만들려는 의지가 이러한 행동에 나타나 있다.

최근의 이러한 변화를 반영하여 기업에서는 인사제도의 개혁이 활발히 이루어지고 있으며, '선택'을 축으로 하여 옵션을 제시하는 방법이 증가하고 있다.

예를 들면 플렉시블 타임(Flexible Time)제(규정된 근무 시간만 채운다면 출근 시간과 퇴근 시간에 제약을 두지 않는 제도 - 역주)는 시간의 선택이라고 할 수 있으며, 근무지 한정 사원(예를 들면 서울에서만 근무하는 등 자신의 근무 희망 지역을 한정하여 다른 지역으로 전근 배치를 하지 않는 조건으로 입사하는 사원 - 역주)은 장소의 선택이다. 복선형 인사제도는 스스로 자신의 커리어 플랜을 선택하는 것이며, 자기 신고 제도와 사내 프리 에이전트 제도 등 부서를 선택하게 하는 제도도 만들어지고 있다. 선택 정년 제도는 그만두는 시

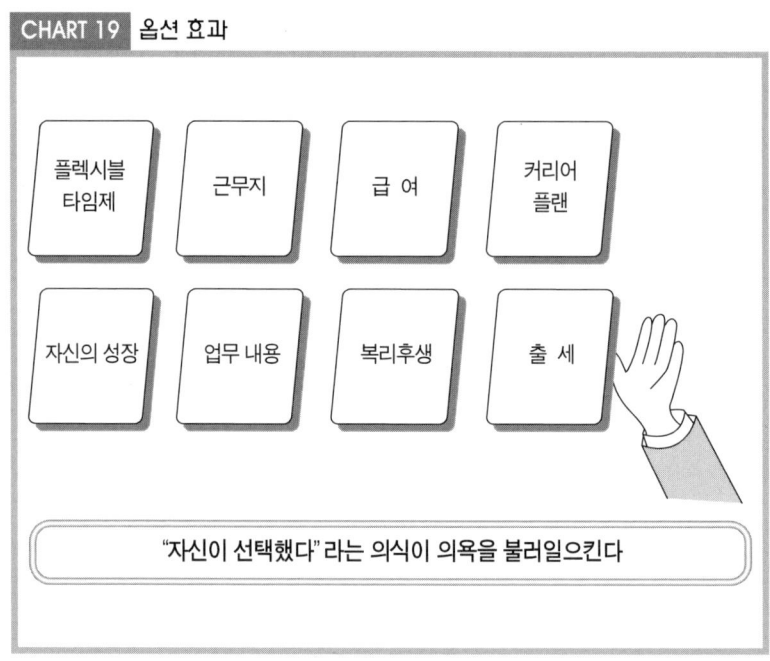

CHART 19 옵션 효과

플렉시블 타임제	근무지	급 여	커리어 플랜
자신의 성장	업무 내용	복리후생	출 세

"자신이 선택했다" 라는 의식이 의욕을 불러일으킨다

기의 선택, 그리고 전 사원에게 일률적으로 적용되던 복리후생 제
도를 자신에게 필요한 것만 고를 수 있도록 하는 카페테리아 플랜
도 있다.

기업은 일률적인 출세 코스, 일률적인 보수, 일률적인 제도로 구
속할 수 있을 만큼 사원들이 소속된 조직에 대해 로열티를 가지고
있지 않다는 것을 알게 된 것이다. 다양한 선택을 통하여 각 사원의
인생에 맞추어 플랜을 선택할 수 있게 함으로써 기업에 대한 구심
력을 유지하려는 정책을 도입하기 시작했다고 할 수 있다.

■선택이라는 행위 자체가 만족감을 준다

이 '선택'이라는 행동이 수긍도, 만족감을 어떻게 높이는지는 주변에서 흔히 볼 수 있는 '쇼핑' 행동을 통해서 알 수 있다. 쇼핑으로 스트레스를 발산한다는 이야기를 흔히 듣는데, 왜 쇼핑이 스트레스 발산이 되는가 하면 "사거나 사지 않는" 선택권이 자신에게 있기 때문이다. 그런데 점원이 옆에 찰싹 달라붙어서 "이것은 어떻습니까" "저것은 어떠세요"라고 말을 하는 순간 싫증이 나서 가게를 나와 버리는 경우가 있다. 이는 그 점원이 귀찮게 해서가 아니라 "사거나 사지 않는" 선택권을 점원에게 뺏겨 버리지 않을까라는 심리가 작용한 데에 기인한다. 노련한 판매원은 손님이 말을 걸어올 때까지 결코 가까이 가지 않는다. 고객에게 선택권을 남겨두는 중요성을 알고 있기 때문이다. 판매원이 권했기 때문에 별로 내키지도 않았는데 구입하고 만 상품이 왠지 애착이 가지 않아서 서랍 속에 잠재우고 있거나 "그 판매원 때문이다"고 다른 사람에게 책임을 전가했던 경험을 가진 사람이 있을 것이다. 그러나 자신이 전적으로 선택한 것이라면 아무리 나중에 마음에 들지 않더라도 스스로가 몇 가지의 선택 대안 중에서 하나를 선택한 것이라고 납득하기 때문에 후회는 하지 않는다.

'선택'이라는 행위 그 자체에도 모티베이션을 향상시키는 요소가 포함되어 있다고 할 수 있다. 상사가 부하 관리에 '선택'이라는 요소를 포함시킴으로써 부하의 의욕을 향상시킬 수 있는 것이다.

■포상을 선택할 수 있는 기회를 준다

상사가 부하 직원에게 주는 '선택'의 기회에는 어떠한 것이 있을까. 앞에서 열거한 인사 정책은 회사 단위에서 도입되는 경우가 많기 때문에 좀처럼 부서 단위에서 간단히 실현할 수 있는 것은 아니다. 물론 인사 부서에 대해 '선택'이라는 행위의 중요성을 알리는 노력을 할 필요가 있겠지만 부서 내에서도 포상에 대한 '선택'을 실행할 수 있다.

부하 직원이 목표를 달성했을 때 제공하는 포상의 옵션을 몇 가지 설정하는 것이다. 포상이라고 하면 금전적인 보상만을 생각하기 쉬우나, 이 밖에도 다음 번에 부하가 하고 싶은 일을 하게 해 준다든지 혹은 부서 내의 중요한 역할을 맡기거나 휴식을 취할 수 있도록 휴일을 주는 등 여러 형태가 있다. 상사가 상사의 가치관으로 포상을 강요하는 것이 아니라 미리 정해 놓은 다양한 포상의 형태들 중에서 어느 것이 좋은지를 선택할 수 있게 함으로써 그 포상이 가지는 의미가 더 커지게 된다. 또, 업무를 추진하는 데 있어서도 선택 대안의 제시는 중요하다. "이것을 하라"고 지시를 받으면 사람은 '귀찮다' 또 해야 할 일이 '늘어났다'고 생각하고 명령대로 움직여야 하는 데 따른 피동적 태도가 생겨난다. 그러나 A안, B안 등 몇 가지의 선택 대안을 제시하고 방침과 방법을 부하에게 선택할 수 있게 하면 자신이 직접 선택한 데 따른 그 업무에 대한 책임감, 사명감이 생겨나서 모티베이션을 향상시킬 수 있다.

단, "어느 쪽이라도 좋다"는 우유부단한 태도와는 다르다는 것을 잊어서는 안 된다. 부하 직원이 선택에 곤란을 겪고 있을 때는 올바른 방향으로 이끌어 주는 강인함과 결단력을 상사가 가지고 있지 않으면 신뢰 관계를 잃어버리게 된다. 일본의 경우, 아직 상사가 부하 직원을 고를 수 있는 환경이라고 할 수 없으며, 부하도 상사를 선택할 수 있는 권한이 없다. 때문에 상사는 모든 책임을 수용할 수 있는 그릇을 가지고 있어야 한다.

　부하 직원이 여러 가지로 부족하여 직접 선택하게 하는 데에 불안을 느끼는 상사도 있을 것이다. 선택이란 곧 '결단(決斷)'을 의미한다. 결단은 '결정하는' 것과 '잘라내는' 두 가지 의미를 가진다. 무엇인가를 선택할 경우, 무엇인가를 버려야 한다. 인생에서든 비즈니스에서든 두 가지 상반되는 선택을 양립시킬 수는 없고 '결정해서' '버리는' 것을 반복해야 하며 결코 이를 피할 수는 없다. 강한 비즈니스맨을 육성하기 위해서라도 부하에게 선택의 기회를 많이 제공해야 하는 것이 상사의 역할인 것이다.

3

Thanks Effect

공헌했다는 실감을 느끼게 하라

■회사가 커지면 공헌했다는 실감을 가지기 어려워진다

많은 경우 종업원이 업무에 대한 의욕을 잃어버리게 되는 데에는 자신의 업무가 고객과 회사에 어떻게 공헌하고 있는지 실감할수 있는 기회가 없다는 요인도 상당히 작용한다.

고객과 직접 대면하는 서비스 스탭이나 영업 담당자의 경우 고객으로부터 "고맙다" "도움이 되었다"는 감사의 말을 들을 수 있어서 그 한 마디로 모티베이션을 높일 수 있다. 그러나 관리 부서나개발직 등 고객과 접하지 않는 직종의 경우에는 공헌 실감을 느낄수 있는 기회가 없기 때문에 하는 것이며 "과연 이 업무는 무엇 때문에 하는 것이며 누구를 위해서 하고 있는 것일까"라고 마치 짙은 안개에 휩싸인 호수에 돌을 던졌을 때처럼 자신이 관여한 업무가 어떠한 영향을 끼치고 있는지가 보이지 않는 상태에서 일을 진행시키지 않으면 안 되는 경우가 많다. 파문의 형태와 그 크기가 보이지 않으면 결과에 신경을 쓰지 않고 막연히 돌을 던진다. 여차하면 반응이 없기 때문에 돌을 던지는 일조차 하지 않아 버린다. 즉, 고객에 미치는 영향을 생각하지 않고 적당히 업무를 수행하거나, 괜히 손이 많이 가는 일은 하지 않겠다고 생각하여 가능한 한 일을 단순하게 처리하려고 하는 것이다.

이러한 현상은 앞의 3장에서 언급한 것처럼 자신의 업무에 의미를 부여하지 못하거나 역할이 세분화되어 있어서 자신의 업무가 다른 업무와 어떻게 관련되는지를 알지 못하기 때문에 일어난다고 할 수 있다. 그리고 업무의 의미와 관련성을 느끼지 못하게 되어 버리는 것은 기본적으로 자신의 업무가 누구에게 어떻게 공헌하고 있는지를 실감할 수 있는 기회가 없기 때문이다.

예를 들면 쇠고기가 식탁에 오르기 위해서는 어딘가에서 소가 도살되고 있음에 틀림없지만 보통 그런 장면을 상상하면서 쇠고기를 먹지는 않는다. 쇠고기 가공 공장에서 가죽이 벗겨진 소가 수없이 매달려 있는 영상을 보고 나서야 비로소 평상시 입에 대고 있는 쇠고기가 원래는 살아있는 생물이었다는 사실을 실감한 사람도 적지 않을 것이다.

전술한 바와 같이 이러한 세분화는 사회의 성숙화에 의해 각종의 다양한 기능이 복잡하게 되었기 때문에 역할 분담을 명확히 하는 편이 보다 효율적이라는 이유로 진행되어 왔다. 쇠고기도 소를 키우는 것에서부터 도살, 포장, 그리고 판매에 이르기까지 전 과정을 목장에서 처리한다면 이처럼 막대한 양의 쇠고기가 시장에 나올 수는 없을 것이다. 대량 유통, 대량 소비, 저비용을 실현한 것은 목장, 식육 가공업자, 유통업자 등의 명확한 역할 분담이 있었기 때문인 것이다.

회사의 일도 마찬가지이다. 규모가 커질수록 효율화를 위한 역할 분담이 분명히 나누어지게 된다. 창업 당시 2, 3명이 일을 할 때는 그다지 명확하게 역할 분담을 하지 않더라도 고객의 숫자도 많지 않고, 업무의 규모도 작기 때문에 순조롭게 업무가 처리된다. 그리고 일하는 사람의 숫자가 적기 때문에 서로의 일이 어떻게 관련되는지를 잘 알 수 있다. 예를 들면 재무 경리 담당자가 자금 조달에 실패하면 개발 담당자의 계획에 커다란 영향을 미친다. 또, 영업 담당자가 고객에게서 들은 감사의 인사를 옆자리의 개발 담당자에게 회사로 돌아오자마자 전달할 수도 있는 것이다.

그러나 회사의 규모가 커지면 영업부, 개발부, 총무부 등으로 역할이 분화되어 일을 하는 플로어와 건물마저도 따로 떨어져 있게 된다. 이러한 환경에서는 자신의 업무가 다른 부서에, 또는 고객에게 어떠한 영향을 미치고 어떻게 공헌하고 있는지를 전혀 알 수 없게 된다. 누구에게 도움이 되는지 알 수 없는 상태에서 업무를 하는 사람은 역할이 세분화 될수록 많아진다.

그러나 누구에게도 도움이 되지 않는 업무라는 것은 있을 수 없다. 직접 고객과 접촉하지 않는 관리 부서라도 경리 담당자가 신속히 업무를 처리하면 거래처의 어음 결제가 원활히 이루어진다거나, 인사 담당자가 좋은 인재를 채용하면 고객에게 보다 나은 서비스를

CHART 20 쌩스 효과

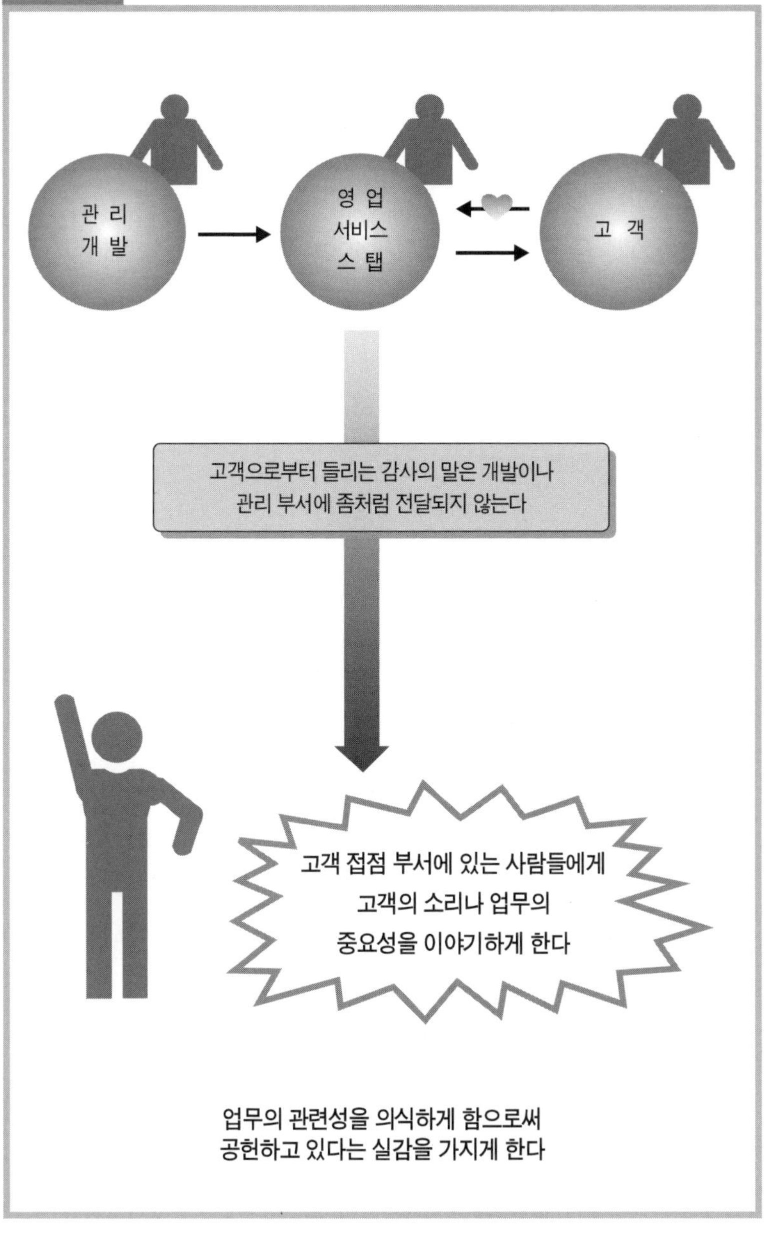

```
┌─────────┐      ┌─────────┐      ┌─────────┐
│  관 리   │ ───▶ │  영 업   │ ◀──  │  고 객   │
│  개 발   │      │ 서비스   │      │         │
│         │      │  스 탭   │      │         │
└─────────┘      └─────────┘ ───▶ └─────────┘
```

고객으로부터 들리는 감사의 말은 개발이나
관리 부서에 좀처럼 전달되지 않는다

고객 접점 부서에 있는 사람들에게
고객의 소리나 업무의
중요성을 이야기하게 한다

업무의 관련성을 의식하게 함으로써
공헌하고 있다는 실감을 가지게 한다

제공할 수 있게 되는 등 회사가 고객과 사회에 대해 어떠한 형태이든지 공헌을 하고 있는 이상, 어떠한 업무이든 누군가에게 도움이 되기 때문에 존재하는 것이다.

■사원에게 공헌 실감을 가지게 하는 것은 관리자의 업무

업무가 어떻게 연관되고 누구에게 도움이 되는지를 전달하는 것은 관리자의 역할이다. 그리고 부하 직원이 관여하는 업무를 상위 개념으로써 의미를 부여하고(래더 효과), 업무의 관련성을 의식시켜서(링크 효과), 그것을 유지하기 위해서는 무엇보다도 사회와 회사 조직에 대해 공헌한다는 느낌을 부하에게 줄 수 있도록 하지 않으면 안 된다.

쌩스 효과를 창출하기 위해서는 평소에 영업 담당자와 서비스 담당자 등 고객 접점에 있는 사람들이 개발 부서나 관리 부서 담당자에게 고객의 소리를 전달할 수 있는 커뮤니케이션 구조를 구축하는 것이 가장 바람직하다. 연구회와 같은 기회를 만드는 것도 한 방법인데, 이 경우에는 가능한 한 타 부서의 사람, 특히 고객 접점에 있는 부서 사람에게 고객의 소리와 함께 그 부서, 그 업무의 중요성을 이야기하도록 하는 것이 좋다. 이렇게 함으로써 보다 현실감 있게 자신의 업무가 가지는 의미와 중요성을 실감할 수 있다.

10여 년 전에 발생한 일본 관서 지역의 한신 대지진 때 자원봉사자로 활동한 사람은 매일 피해자로부터 감사의 인사를 받음으로써 한 밤중까지 여러 집을 돌아다니게 하는 모티베이션이 되었다고 한

다. 그러나 이들은 사람들에게 도움을 주고 사람들의 기대에 부응하는 것을 너무나도 현실적으로 생생하게 느낀, 바로 그 점 때문에 얼마동안 사회로 복귀할 수가 없었다고 한다. 일반 기업에 취직해도 생생한 공헌 실감을 느끼지 못하는 것이 원인이라는 것이다. 이 이야기를 통하여 공헌 실감을 창출하지 못하는 기업의 책임이 크다는 사실을 다시금 인식할 수 있다.

역설적으로 말하면 향후 공헌 실감을 창출하지 못하는 기업은 시장에서 퇴출당하게 될 것이라고 할 수 있다. 글로벌 차원의 경쟁이 치열하게 전개되고 있는 오늘날, 고객에 대한 공헌이 기업의 사명이라는 점을 가장 첫 번째 조건으로 인식하고 있지 않은 기업은 고객의 신뢰를 잃게 된다. "고객 만족의 최대화"를 실현하기 위해서 모든 부서의 종업원이 고객에 대한 공헌을 실감하고, 이를 향상시키기 위해 노력하는 구조를 구축하지 않으면 기업의 경쟁력을 상실하게 되어버리는 시대인 것이다.

4

Spotlight Effect

이름을 불러주는 기회를 만들어라

■ 이름을 불러주어서 기쁘지 않은 사람은 없다

여러분은 이름에 대한 '집착'에 대해서 생각해 본 적이 있는가. 평소에는 아무렇지도 않게 사용하고 있는 '이름'이지만, '이름'을 잘 불러주는 것이 부하 직원의 모티베이션을 향상시키는 효과를 발휘한다.

사람의 이름을 틀리게 부르는 것은 실례이다. 거래처의 담당자에게 메일이나 팩스를 보낼 때 이름이 틀리지 않았는지 세심한 주의를 기울이는 사람이 많다. 또, TV에서도 이름이 틀리는 데에는 민감해서 잘못된 자막을 내보냈을 때는 곧바로 아나운서가 '사과'

하고 '정정' 하는 것을 본 적이 있을 것이다.

사람은 의외로 자신의 '이름'에 집착을 가지고 있다. 필자 자신은 강연회 등에서 이름이 틀리게 소개되는 경우에도 별로 크게 화가 나거나 하지 않아서 그다지 집착을 가지고 있다고는 생각하지 않았었다. 그러나 어느 회사에서 보내온 선물을 통하여 이름에 대해 역시 일종의 특별한 생각을 가지고 있다는 사실을 깨닫게 되었다.

센다이(仙台)에 사사마사무네(笹正宗) 주조라고 하는 술을 만드는 회사가 있다. 이곳에서 술을 한 병 받은 적이 있는데, 보내 온 병의 라벨에 필자의 이름이 프린트되어 있었다. 그 뿐만 아니라 A4 크기의 용지가 함께 들어 있었는데, 거기에 필자의 이름인 '小(작을소)' '笹(가는대 세)' '芳(꽃다울 방)' '央(가운데 앙)' 등 4글자의 유래와 그 조합에 따른 종합적인 의미 등이 정리되어 있었던 것이다. "존재감이 있으며, 사서오경의 신 것과 단 것을 모두 함께 갖추어 매력이 넘치고, 격식을 존중…" 등으로 칭찬 일색이다. 모든 사람에게 이런 식으로 칭찬하였음을 알고 있더라도 자신의 이름에 이러한 좋은 의미를 부여해 주었을 때 기쁨을 느끼지 않는 사람은 없다. 필자는 그 때 이후 다른 사람에게 선물을 보낼 때는 반드시 이 술을 보내도록 하고 있다.

이처럼 이름이 불려지거나 직접 거론되는 기회를 사람들은 기쁘게 생각하는 법이다.

상사가 부하 직원을 칭찬할 때도 이 이름에 대한 집착을 이용함으로써 부하의 의욕을 끌어 낼 수 있다. 예를 들면 모든 구성원들 앞에서 상사가 우수한 성과를 올린 사람에 대해 이름을 거명하여

CHART 21 스포트라이트 효과

이름을 거명하는 방법

· 부문 단위의 활동에서 뛰어난 활약을 한 사람의 이름을 부른다
· 성적 우수자의 이름을 게시판에 붙인다
· 매뉴얼, 자료에 작성자의 이름을 남긴다
· 사보 등에서 개인을 다룬다
· 팀명에 개인 이름을 붙인다

A B C D E

'이름' 에 스포트라이트를 줌으로써 개인과 팀 모두 의욕이 달라진다

평가하고 칭찬한다고 하자. 이를 통하여 팀원 한 사람 한 사람이 어떠한 역할을 담당하고 어떠한 공헌을 했는지 재확인할 수 있다. 동시에, 개인의 입장에서 보면 자신의 이름에 집착을 가지고 존재감을 나타내 보이고 싶다는 인간의 기본 습성에 호소할 수 있는 것이다. 이름이 직접 거명되어 칭찬을 받는 것은 누구에게나 매우 기분 좋은 일이다.

사람은 누구나 자신에게 스포트라이트가 비춰지는 것을 기쁘게 생각한다. 수줍어하고 부끄러움을 잘 타는 사람이어서 겉으로 드러나는 것을 그다지 좋아하지 않는 사람이라도 본심은 기뻐할 것임에 틀림없다. 때문에 성과를 올린 사람을 모든 구성원들 앞에서 칭찬하는 배려가 상사에게는 필요하다.

이름을 거명하는 방법은 여러 가지가 있는데, 부서 회의 등에서 주간 단위로 열심히 한 사람의 이름을 호명하거나 성적 우수자의 이름을 사내에 게시하는 것도 한 방법이다. 이 때 가능하면 눈에 잘 띄는 곳에 이름을 특히 크게 보이도록 게시하는 것이 효과적이다. 또, 매뉴얼이나 자료를 작성하도록 한 경우 작성자의 이름을 기입하게 하거나 사보에 가능한 한 많은 개인의 이름이 들어가게 하는 방법도 있다. 이처럼 이름을 호명하는 것뿐만 아니라 기록으로 남겨놓음으로써 더욱 기쁨을 실감할 수 있다.

이를 응용하여 표창을 할 때는 상장뿐만 아니라 트로피를 함께 수여하는 것이 더욱 효과적인 경우가 많다. 트로피의 리본에 표창을 받은 사람 이름을 기입하여 놓음으로써 한 순간의 박수로 끝나는 의식으로서가 아니라, 그 사람이 그곳에 존재하여 스스로의 에너지를 집중시킴으로써 높은 평가를 받았다는 증거가 남게 된다. 앞으로 오랫 동안 자신의 존재감을 남길 수 있다는 점에 있어서 부하 직원은 프라이드를 가질 수 있게 되는 것이다.

■팀에도 개인의 이름을 붙이자

이러한 이름을 드러내는 행위는 '결과'에 대해서 칭찬할 때뿐만 아니라 업무 효율을 향상시키거나 성과를 올리게 할 때, 즉 '프로세스'에 대해서도 효과가 있다.

예를 들면 하나의 부서를 두 개의 팀으로 나누어서 매출 향상과 비용 절감을 추진하게 하는 경우가 있다. 이 경우 단순히 A팀, B팀으로 구분하는 것보다 팀 명에 리더가 되는 사람의 이름을 붙이면 더욱 효과가 있다. 야마다 팀과 스즈키 팀으로 이름을 붙이면 그 본인들은 자신의 팀이 승리할 수 있도록 팀에 주어진 과제의 해결을 위해 노력하면서, 연대감을 가지고 리더십을 발휘하게 될 것이다. 만약 그다지 많지 않은 사람들로 경쟁하게 하는 경우라면 야마다 · 다나카 · 와타나베 팀, 스즈키 · 후쿠다 · 아오키 팀과 같이 전원의 이름을 팀 명으로 삼게 하면 보다 경쟁 의식이 생기게 할 수 있다.

과거에 사무 담당 여직원에 대해 "우리 여직원"이라는 말로 통하던 시대가 있었다. '우리 여직원'이라고 개인의 이름을 부르지 않고 모두 한 묶음으로 취급하면 사무 담당 여직원들이 업무에 프라이드를 가질 리가 없다. 그리고 그런 식으로 부르던 상사들을 사람들은 싫어했다.

오늘날에는 그런 상사는 없을 것으로 생각되지만 부하의 이름을 드러내는 의미를 아는 상사는 여전히 많지 않다. 조그마한 기회, 예를 들면 부서 내에서 회의를 할 때 "지난주에는 매출이 늘어났다"고만 말할 것이 아니라 "○○과 △△이 특히 성적이 좋아서 지난주에는 매출이 늘어났다"라고 말하는 편이 모티베이션의 향상에 도움이 된다는 사실을 명심할 필요가 있다. 스포트라이트 효과를 창출하기 위한 기회는 의식적으로 생각해 보면 의외로 많다.

그리고 앞의 '랭킹 효과'에서도 서술한 바와 같이 이름을 거명하는 기준은 하나의 지표에 의한 평가로 편중되어서는 안 된다. 한 사람의 사원에게만 주목하게 하는 결과를 초래하고 만다. 매출, 업무의 효율화, 매뉴얼 작성 등 각 부하의 업무를 파악하여 그 추진 성과를 골고루 언급함으로써 모든 종업원의 모티베이션이 높아질 수 있도록 배려해야 한다.

5

Knowledge Effect

포터블 스킬을 의식케 하라

■업무에서 익히는 스킬을 눈에 보이는 형태로

고용 환경이 악화되어 실업률이 최악의 수준으로 올라가는 등 샐러리맨들이 불안을 느끼는 상황이 지속되고 있다. 구조조정으로 퇴직 권고를 받는 경우도 있고 도산으로 언제 직장을 잃게 될지도 모르는 경우도 있다. 이러한 환경 하에서는 "과연 내 스킬은 다른 회사에서도 통용될 것인가" "나는 전직 시장에서 팔릴 수 있는 인재인가" 등 자신의 시장 가치를 의식하는 사람이 증가하는 것은 당연하다. 지금 담당하고 있는 업무를 다시 바라보았을 때 "지금 이 상태로는 이 회사에서 밖에는 통용되지 않는 인재가 되고 만다"

CHART 22 날리지 효과

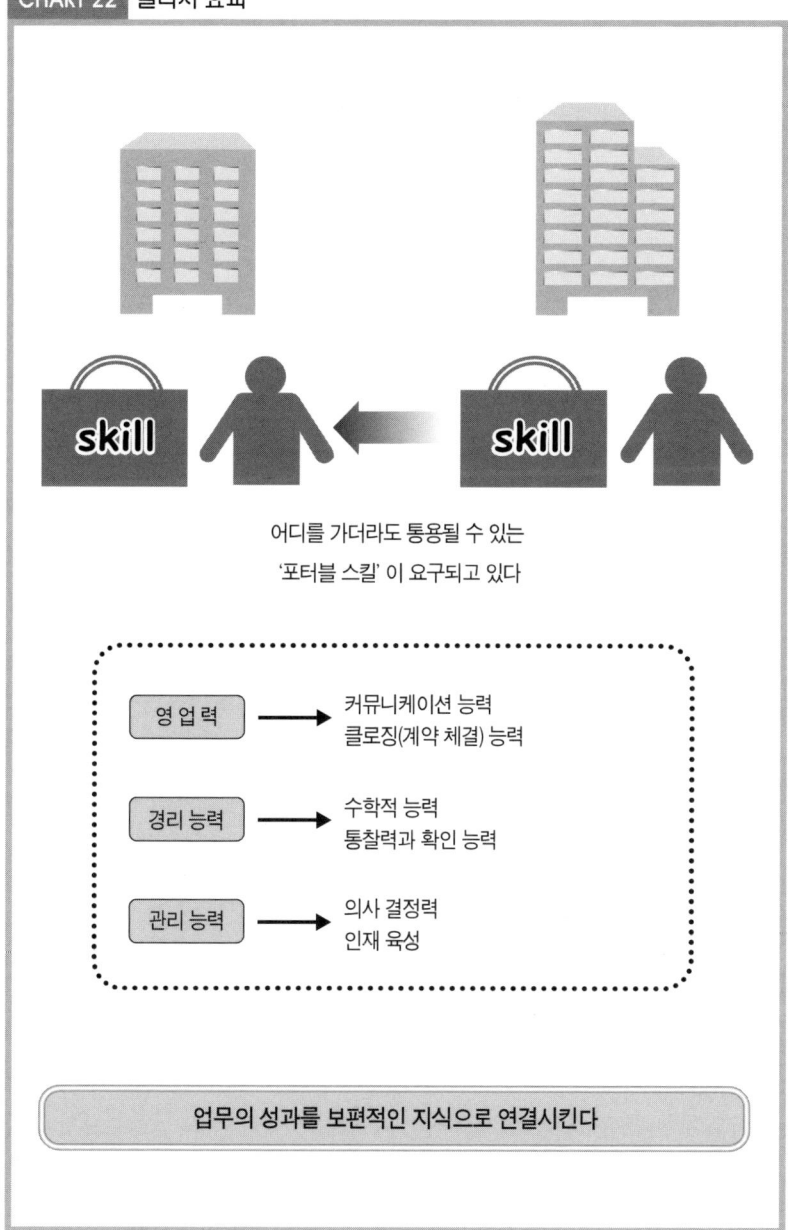

어디를 가더라도 통용될 수 있는
'포터블 스킬' 이 요구되고 있다

영 업 력 →	커뮤니케이션 능력 클로징(계약 체결) 능력
경리 능력 →	수학적 능력 통찰력과 확인 능력
관리 능력 →	의사 결정력 인재 육성

업무의 성과를 보편적인 지식으로 연결시킨다

"전문 능력과 지식을 전혀 익히지 못했다"라고 느끼고, 그로 인하여 모티베이션이 하락하게 된다. 여차하면 다른 회사로의 전직을 생각하는 종업원도 생겨날 것이다.

특히 이러한 불안을 느끼기 쉬운 것은 영업직 등 전문 지식과 능력을 표현하기 어려운 업무와 정형적인 업무가 많은 관리 부서에 소속되어 있는 인재들이다. 이러한 직종에 비해 개발이나 창조적 업무를 담당하는 직종은 전문 지식과 스킬을 표현하기 쉬워서 작품이나 자신이 관여한 상품이 형태로 남기 때문에 막연한 불안감은 적다.

그러나 불안감이 크든 적든 부하가 그러한 자신의 스킬 능력과 전문 지식에 대한 불안을 느끼는 것은 상사에게도 책임의 일단이 있다. 부하 직원이 현재 수행하고 있는 업무를 계속하면 어떠한 스킬을 익힐 수 있는지, 또 어떠한 스킬을 익히도록 노력해야 하는지 등에 대한 설명이 불충분했기 때문인 것이다. 즉, 현재의 업무 속에서 다른 곳에서도 활용할 수 있는 보편적인 스킬을 찾아내어 주지 않으면 부하의 불안은 없어지지 않으며 모티베이션의 저하를 초래하게 된다.

영업을 예로 들어 생각해 보자. 영업에서 성과를 올리기 위해서는 높은 스킬이 요구되긴 하지만, 그것은 무척 표현하기 어려운 추상적인 능력이다. 높은 실적을 숫자로 남겼다고 하더라도 업계와 상품이 바뀌었을 때 그것이 얼마나 통용될 지는 미지수이다. 또, 성과를 올리지 못하는 부하 직원에 대해 상사가 "영업력을 익혀라"라고 하더라도 부하는 무엇을 어떻게 해야하는지 제대로 알지 못한다. '영업력' 이란 무엇을 가리키는 것인지 부하 직원과 상사 사이에 일치된 인식도 없고, 그것을 측정하는 기준도 없기 때문이다. 프로그래머처럼 "JAVA 지식을 익혀라"라는 식으로 구체적인 지시를 한다는 것은 어려운 일이지만 상사가 추상적인 표현밖에는 할 수 없다면 부하 직원은 고민할 수밖에 없을 것이다.

따라서 지금까지는 '영업 경험' '영업력'이라고 밖에는 표현할 수 없었던 것을 보편적인 지식으로 바꿔 표현하는 노력이 필요하다. '영업 경험' '영업력'은 결국, '커뮤니케이션 능력'과 "고객이 계약을 체결하겠다는 의사 결정을 내리게 만드는 능력"을 말한다.

영업은 고객의 니즈를 파악하고 그에 맞는 상품을 제안하여 수주하는 것이다. 기본적으로는 이 과정의 반복이다. 고객의 니즈를 파악하기 위해서는 고객이 정말로 원하는 것을 다양한 각도에서 이야기하도록 해야 하며 제안을 하기 위해서는 상품의 매력을 충분히 전달하지 않으면 안 된다. 바로 커뮤니케이션 능력이 요구되는 것이다. 나아가 고객이 의사 결정을 내리도록 하는 역할을 하지 않으면 소위 '클로징(Closing)'까지 이어지지 못한다. 상품과 서비스가 넘쳐나는 오늘날에는 상품의 매력을 전달하는 것만으로는 좀처럼 수주나 구입으로 이어지지 않는다. 타사의 상품과 서비스를 제쳐두고 자사의 상품·서비스를 구입하게 하는 최후의 결정적 수단은 영업 담당자의 힘에 달려 있다. 예를 들면 부동산 영업의 경우, 100평방 미터, 월세 30만 엔, 신축 물건을 고객이 원한다고 가정하면 이에 합치되는 물건은 많다. 여기서 자사가 관리하는 물건을 선택하도록 하기 위해서는 "다른 사람이 계약을 하려고 준비하고 있습니다"고 말을 한다거나 비슷한 조건이면서 조금 월세가 비싼 물건을 보여주는 등 경험에 바탕을 둔 미묘한 조치가 고객의 의사 결정에 영향을 미치는 것이다.

■ 어떤 업계에서나 활용할 수 있는 '포터블 스킬'의 중요성

상품 지식, 업계 지식 등은 회사를 옮겨서 취급하는 상품과 분야가 달라지면 다시 공부하지 않으면 안 되지만 이 두 가지 지식은 영업직을 계속하는 한 필요하다. 이처럼, 어떤 업무와 관련하여 반드시 필요한 스킬이면서 어떤 회사나 어떤 업계에도 통용되는 스킬을 '포터블 스킬'이라고 한다.

상사가 그 업무와 관련하여 얼마나 보편적인 포터블 스킬을 제시할 수 있는가에 따라서 부하 직원의 업무 자세는 달라진다. "이 업무를 열심히 하다보면 영업에 관한 스페셜리스트가 될 수 있다. 시장 가치가 높은 인재가 될 수 있다"라는 믿음이 들고, 부하 자신이 지금 무엇을 익혀야 하는지에 대한 구체적인 상황을 알 수 있게 된다.

어떠한 업무에서나 "영업력을 익혀라" "경리에 관한 스페셜리스트가 되라"라는 식으로 막연한 표현을 사용하는 것이 아니라, "의사 결정을 촉진하는 스킬을 익혀라" "숫자를 통해서 사업 전략의 유효성을 읽어내는 스킬을 익혀라" 등 서로가 공유할 수 있는 '스킬'로 전환해 줄 필요가 있다. 예컨대 '영업력'은 어떻게 익히는지 모르지만 이를 '영업 스킬'로 바꾸어 그 기술을 제시해 주면 부하 직원은 열심히 하면 익힐 수 있을 것 같다는 감각을 가지게 되는 것이다.

앞에서 개발이나 창조적 업무에 종사하는 직종의 경우, 스킬의 표현이 쉽다고 언급했으나 이러한 직종에 대해서도 가능한 한 "지금의 업무는 보편적인 기술을 익힐 수 있다"라는 동기 부여를 하지 않으면 안 된다. "JAVA를 익혀라"라는 말은 할 수 있지만 JAVA가 언제까지 시장 가치가 높은 언어일지는 아무도 모른다. "고객의 과제를 해결하는 기술을 익혀라" "고객이 원하는 디자인을 만드는 것이 아니라 고객의 매출 향상을 의식하도록 해라" 등으로 지시를 함으로써 어떤 업계나 분야에 치우친 전문 기술, 지식만을 익히려는 부하의 시야를 넓혀 주어서 어떠한 분야에서나 요구되는 스킬을 익힐 수 있도록 부하 직원의 성장을 촉진시킬 수 있어야 한다.

MOTIVATION MANAGEMENT

5

Chapter 5

당신은 부하를 성공으로 이끌고 있는가?
모티베이션 매니지먼트의 실천 (3)

1. Milestone Effect : 중간 목표를 설정하라

2. Feedback Effect : 객관적인 평가를 알려 주어라

3. Control Effect : 바꿀 수 있는 것에 에너지를 집중하게 하라

4. Scramble Effect : 성공 사례의 공유 기회를 만들어라

5. Massage Effect : 동일한 상황에 있는 타인과의 교류 기회를 만들어라

6. Value Effect : 자신의 경쟁 우위성을 인식시켜라

7. Criteria Effect : 판단 기준을 명확히 하라

1

Milestone Effect

중간 목표를 설정하라

■세부적인 작은 목표를 설정하여 지금 해야 할 일을 명확히 한다

부하 직원에게 목표를 부여할 때는 최종적으로 달성해야 하는 커다란 목표를 결정하는 것뿐만 아니라 그곳에 이르는 여정을 어느 정도 제시해야 하며 동시에 중간 중간의 목표 즉, 마일스톤 (Milestone, 이정표)도 명확히 해 주어야 한다.

목표를 달성하지 못하는 데에는 이유가 있다. 목표를 달성하기까지 구체적인 상황이 정해져 있지 않은 상태에서 도달해야 할 큰 목표만이 정해져 있기 때문이다. 그리고 그 목표에 대한 주위 사람들과의 합의가 없었기 때문에 달성하지 못했을 때의 심리적 부담

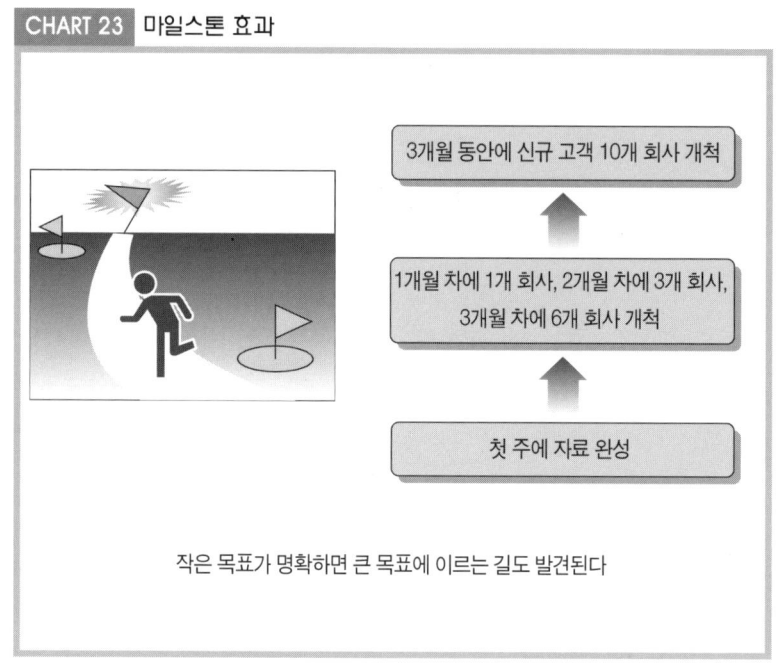

CHART 23 마일스톤 효과

3개월 동안에 신규 고객 10개 회사 개척

1개월 차에 1개 회사, 2개월 차에 3개 회사,
3개월 차에 6개 회사 개척

첫 주에 자료 완성

작은 목표가 명확하면 큰 목표에 이르는 길도 발견된다

(페널티)도 없다. 즉, 주위 사람들이 그 사람의 목표를 알지 못하기 때문에 "달성하지 못했다"는 데 따른 '부끄럽다' '한심스럽다'는 등의 기분을 느끼지도 않는 것이다. 이러한 식으로 목표를 세운다면 거의 100% 달성하지 못한다고 보아도 무방하다. '달성' 시키기 위한 목표의 설정에 필요한 것은 그곳에 이르기까지의 '여정'을 분명히 할 것과 "주위에 대한 선전"이다.

예를 들면 3개월 동안에 10개의 신규 고객 회사를 개척한다는 목표를 세웠다고 하자. 3개월이라는 시간은 실제로는 매우 짧은 기간이지만, 만약 3개월 후의 목표가 정해져 있지 않다면 스타트 대시 (Start Dash, 어떤 일을 처음 시작한 직후의 기세, 경주에서 처음 출발한 직후의 속도가 떨어지면 뒤쳐지고 만다는 데에서 은유적으로 사용함 - 역주)는 저절로 늦어지고 말 것이다. "아직 3개월이나 남아있다"라는 방심이 그 일의 추진을 늦어지게 하기 때문이다. "3개월 동안에 10개 회사를 개척하기만 하면 된다"고 느긋하게 생각하는 사람은 그 3개월 동안 거의 신규 고객을 개척하지 못한다. 이러한 사람은 목표 설정이 서투른 사람이다.

그러나 3개월을 90일로 보고 "10개 회사를 개척하기 위해서는 단순 계산식으로 9일에 1개는 확보해야 한다"고 생각하면 처음 1개 회사를 확보하기 위해서 목표를 정한 그 날부터 열심히 뛰게 될 것이다.

물론, 이것은 어디까지나 하나의 예일 뿐이며 실제로는 이처럼 단순하게 목표가 설정되지는 않는다. 만약 이 사람이 지금까지 영업을 해 본 적이 없는 사람이라면 처음에는 기업 고객을 개척하기 위한 접근 방법조차도 모를 것이다. 우선 영업을 위한 전화 거는 법을 익히고 방문을 체험하는 등 3개월 동안에 익혀야 할 것들이 산처럼 쌓여있다.

즉, 목표가 결정된 시점에서 그 목표를 달성하기 위해 "어떠한 행동을 해야 하는지"를 먼저 추출해 내지 않으면 안 된다. 만약 그 업무에 익숙하지 않은 신입 사원이나 항상 목표에 도달하지 못하는 부하라면 목표에 이르도록 인도하는 것도 상사의 역할이다.

이 예에서는 개척 대상이 되는 고객 명단 리스트 작성, 영업 자료의 작성, 프리젠테이션 기술 습득, 전화를 통한 영업, 방문에 의한 영업 등을 생각할 수 있을 것이다. 그리고 그 '행동'을 언제까지 습득할 것인지, 언제까지 무엇을 실현할 것인지를 작은 목표로 설정한다. 처음 1주일 동안에 고객 리스트와 영업 자료를 작성하고, 프리젠테이션 기술 습득과 병행하여 영업 활동을 수행함으로써 처음 1개월에 1개의 고객 회사 확보, 다음 달에는 3개 회사, 그리고 영업에 익숙해지는 3개월 차에는 6개 회사를 개척하여 목표를 달성한다. 이처럼 날짜와 그 날까지 달성해야 하는 '마일스톤'을 명확히 하는 것이다.

한편 수치화 할 수 없는 목표가 많은 경리 부문이나 인사 부문 등 사무직의 경우에는 어떻게 설정해야 할까? 이러한 업무는 아무리 열심히 하더라도 영업직의 매출액처럼 수치화 된 성과로 나타나기 어렵기 때문에 모티베이션을 향상시키기 위해서는 역시 무언가 목표를 설정하는 편이 바람직하다. 경리 부문의 경우라면 "전표 제출에서부터 출금까지의 프로세스 간소화" "5%의 경비 절감", 인사 부문이라면 "교육 연수 내용의 충실" "인건비와 생산성의 관련성 조사" 등 그 구성원의 담당 영역에서 개선해야 할 점을 구체적인 목표로 삼는다.

이를 바탕으로 현상 조사, 분석, 실행하는 데 있어서 해결하지 않으면 안 될 것 등을 상세한 행동 플랜으로 작성한다.

■ 정기적으로 달성도를 체크하여 목표를 수정해 간다

'마일스톤'에 해당하는 시기가 오면 그 목표가 달성되었는지를 체크한다. 상사가 마일스톤을 잊어버리고 방치해 두면 "그 목표는 그다지 의미 있는 것은 아닌 모양이다"라고 목표 자체를 경시하게 된다. 그리고 목표에 도달했는지에 대한 여부뿐만 아니라 달성하지 못했다면 어디가 잘못됐는지, 어느 부분을 개선해야 하는지를 함께 생각해 보고 큰 목표를 달성하기 위해 향후의 플랜을 수정한다.

마일스톤을 설정하면 이른 시기에 부하의 '약점' '강화해야 할 점'을 알 수 있기 때문에, 그것을 안 시점에서 조언을 함으로써 보다 많은 부하들이 목표를 달성하게 할 수 있다. 2개월이 경과한 시점에서 이미 7개 사를 개척했다면 더욱 높은 목표를 가지도록 목표 자체를 다시 생각해 보게 해야 하며, 만약 1개월이 지났는데도 한 회사도 개척하지 못했다면 영업 방법에 문제는 없는지, 상품 구성을 다시 검토하는 것이 좋은지 등 무엇인가 개선책을 함께 생각해 보도록 한다. 상사로서도 단순히 "열심히 해라"가 아니라 구성원이 현재 어떤 과제에 임하고 있으며, 어떤 고민을 끌어안고 있는지를 파악할 수 있는 만큼 효과적인 조언이 가능할 것이다.

각 개인의 목표는 가능하면 부서 내에서 공유하도록 한다. 전원에게 큰 목표와 마일스톤을 선언해 두면 효과가 올라간다. "달성하지 못했다는 사실이 알려지는 것이 부끄럽다"는 환경을 만들어서 스스로 행동하지 않을 수 없는 환경으로 밀어 넣는 것이 계획을 실행케 하는 결정적 카드가 된다. "그렇게 큰 목표가 주어졌는데도 별로 움직이는 것 같지 않다"라는 체크 기능이 작동하도록 해 두면 전원이 성과를 올리려고 행동하게 된다. 즉, 부서 전체의 모티베이션으로 이어지게 되는 것이다.

2

Feedback Effect

객관적인 평가를 알려 주어라

■ 상사는 부하의 모습을 비추는 거울이 되어야 한다

부하가 자신에 대한 객관적인 평가를 알 수 있는 기회, 즉 업무에 대해서 곧바로 피드백을 해 주는 것도 상사의 중요한 역할이다. 심리학에서 자주 이용되는 '거울 속의 나'를 활용하는 것으로서 거울에 비친 자신의 모습을 보는 것이 계기가 되어 자신을 향상시키려는 모티베이션이 끓어오르게 된다.

예를 들면 골프를 잘 치고 싶으면 자신의 스윙 폼을 비디오로 촬영한다거나, 스키의 경우라면 슬로프에서 미끄러져 내려오는 모습을 촬영한다. 그리고 바로 그 자리에서 체크하여 "이 스윙은 어깨에 너무 힘이 들어가 있다" "여기서 넘어진 것은 오른쪽 다리에 너무 힘이 들어갔기 때문이다"라고 잘못된 원인을 찾아서 대책을 강구하는 것이다.

이를 비즈니스에 적용하려 할 경우 안타깝게도 자신의 모습을 비디오로 촬영하여 객관화할 기회는 없다. 때문에 상사가 비디오나 거울의 역할을 대신하여 부하에게 피드백 해 주지 않으면 안 되는 것이다. 비디오나 거울의 역할을 대신하기 위해서는 부하의 업무를 정확히 인지하고 가능한 한 그때 그때 피드백을 할 필요가 있다.

부하는 항상 "자신은 열심히 하고 있다" "타인과는 친절하게 커뮤니케이션 하도록 명심하고 있다" "알기 쉽게 설명하고 있다"고 생각하고 있을 것이다. 그러나 실제로는 주위 사람들이 느끼고 있는 것과는 차이가 있을 때가 많다. 이러한 차이를 정확히 부하에게 전달하는 역할을 상사가 해야 하는 것이다.

이를 위해서는 상사가 부하의 업무를 "정확히 비추는 거울"이라는 신뢰감을 부하가 가지도록 하지 않으면 안 된다. 상사가 부하의 업무를 파악하고 있지 못하면 "저 상사는 전혀 현장의 일을 모른다"라는 불만을 가지게 만들어 버리며, 상사 자신이 존경받을 수 있도록 업무를 추진하지 않으면 "말과 행동이 다르다"라는 불신감을 가지게 하고 만다. 즉 상사는 부하의 업무를 항상 살펴보면서 한편으로는 자신도 '언행일치'를 위해 노력할 필요가 있다.

그리고 반드시 "여기가 안 좋다"는 말뿐만 아니라 "어깨에 너무 힘이 들어갔다"는 등의 '원인'과 '좀더 그립을 약하게 쥐는 것이 좋다'는 등의 '대책'을 이야기 해 주어야 한다. '나쁘다'고 지적만 하고 원인과 대책을 함께 제시해 주지 않으면 부하는 반감을 가지

 **CHART 24** 피드백 효과

상사가 거울이 되어 부하의 모습을 정확히 비추기 위해서는 '언행일치'는 물론 '원인'이나 '대책'을 전달할 필요가 있다.

게 되거나 의기소침해 질뿐이어서 모티베이션을 저하시키는 요인이 되기 쉽다. "다음에 무엇을 해야 하는지" 성공 혹은 개선을 위한 길을 찾을 수 있으면 "그곳에 도달할 때까지 열심히 하자"라는 목표가 생기고 모티베이션이 높아지는 경우가 많다.

부하에게 개선책을 전달할 경우, 입으로 지도하는 것뿐만 아니라 주위의 다른 부하들이 하는 방법을 배우도록 하는 것도 한 방법이다. 골프 레슨을 받으러 다녀보면 반드시 라고 해도 좋을 만큼 프로 선수의 스윙을 비디오로 보게 한다. 프로 선수의 스윙을 완전히 머리 속에 심어 놓음으로써 자신의 스윙이 개선되도록 하는 이미지 트레이닝이다. 이러한 방법은 업무의 경우에도 유효하다. "고객과의 커뮤니케이션에서는 상대의 의견을 부정하기 전에 우선 받아들여라"고 상사가 조언했다고 하자. 그러나 부하는 실제로 고객과의 대화 속에서 어떻게 대답을 해야 하는지 알지 못한다. 이를 해결하기 위해서 고객과의 커뮤니케이션이 능숙한 다른 부하와 동행시켜서 실제로 체험시켜 보는 것이다. '백문이 불여일견'이라는 말이 있는 것처럼 이러한 체험이 부하의 이미지 트레이닝이 되는 것이다.

■피드백 시의 주의할 점

단, 이러한 방법을 사용할 때 "저 부하는 되는데 너는 못한다" "저 부하는 우수한데 너는 안 돼"라는 이원론이 되지 않도록 주의해야 한다. 한 사람의 부하를 모범으로 삼는 것이 아니라 "A의 이 부문과 B의 이 부분을 배워라"고 복수의 부하에게서 배우도록 하는 것이 바람직하다. 또, 그 부하 본인의 우수한 부분을 지적하여 때로는 "B에게 배우게 하고 싶으니까 함께 영업을 나가 달라"고 해서 "자신도 다른 사람보다 우수한 부분이 있다"는 자신감을 가질 수 있도록 배려하는 것도 중요하다.

나아가 상사는 거울이나 비디오의 '즉시성'도 가져야 한다. 시간을 두어서는 전혀 효과가 없다. '반년 전 회의에서 당신은 이렇게 이야기했는데 그건 좋지 않다'는 등의 이야기를 해 보았자 부하에게는 현장감이 없어서 "오늘 상사의 기분이 별로 좋지 않다"는 정도로 밖에는 생각되지 않는다.

자주 볼 수 있는 나쁜 예를 들어보자. 상사가 부하에게 자료나 보고서를 작성해 두라고 지시한다. 당연히 기간이 정해지고, 부하는 상사의 기대에 부응하려고 그 기간까지 열심히 노력했다고 하자. 기간 내에 작성을 완료하여 상사에게 "요전에 말씀하신 자료입니다"고 건넸을 때 상사가 바쁜 일에 정신이 팔려서 "아, 거기 나둬요"라고 한다. 여러분에게는 이러한 경우가 없었는가? 이러한 일이 부하의 모티베이션을 한꺼번에 떨어지게 만든다. 모처럼 열심히 노력해서 작성한 자료나 보고서를 상사가 쳐다보지도 않는다. "지시만 하고" "시키기만 한" 것일 뿐 별로 급한 것 같지도 않고 기간도 정해져 있지 않은 모양이다라고 생각하게 만들어 버리면 "기한은 의미가 없다"고 생각하여 다음에는 기간 내에 업무가 처리되지 않게 될 것이며, 업무 수행의 질도 틀림없이 떨어지게 될 것이다. 부하는 상사가 상상하는 10배 이상으로 자신의 업무에 대한 평가나 감상에 신경을 쓴다. 가능하면 자료를 건네 받은 순간에 검토해서 평가나 감상을 전해 주어야 한다. 만약 그것이 불가능할 정도로 바쁘다면 "놓아 둬"가 아니라 적어도 손으로 받아서 "고마워요, ○시까지 피드백 해 주겠습니다"고 상사도 '기간'을 정하여 반드시 지키는 자세를 보이도록 해야 한다.

칭찬을 하는 경우에나 주의를 주는 경우에나 "그것을 알았을 때 바로 그곳에서"가 가장 효과적이다. 이를 통하여 부하의 입장에서는 상사가 "항상 자신에게 신경을 써 주는" 소중한 존재가 되고, 그로부터 신뢰감이 형성되기 때문이다.

3

Control Effect

바꿀 수 있는 것에 에너지를 집중하게 하라

■ 감정과 생리는 그리 쉽게 바뀌지 않는다

성과를 올리는 사람과 그렇지 못한 사람 사이에는 여러 가지 차이가 있지만 "자신이 바꿀 수 있는 것"과 "바꾸지 못하는 것"을 구별하고 있는지에 대한 여부도 그 중의 하나이다. 성과를 올리는 사람은 그것을 확실히 구별하고 "바꿀 수 있는 것"에 가지고 있는 모든 힘을 집중한다.

여기서 스스로 '바꿀 수 있는 것'이란 '사고'와 '행동'을 말하며, '바꾸지 못하는 것'이란 '감정'과 '생리'를 말한다. "지금 10×8을 계산해 보십시오"라고 하면, 이 책을 읽고 있는 독자들은 곧바

CHART 25 컨트롤 효과

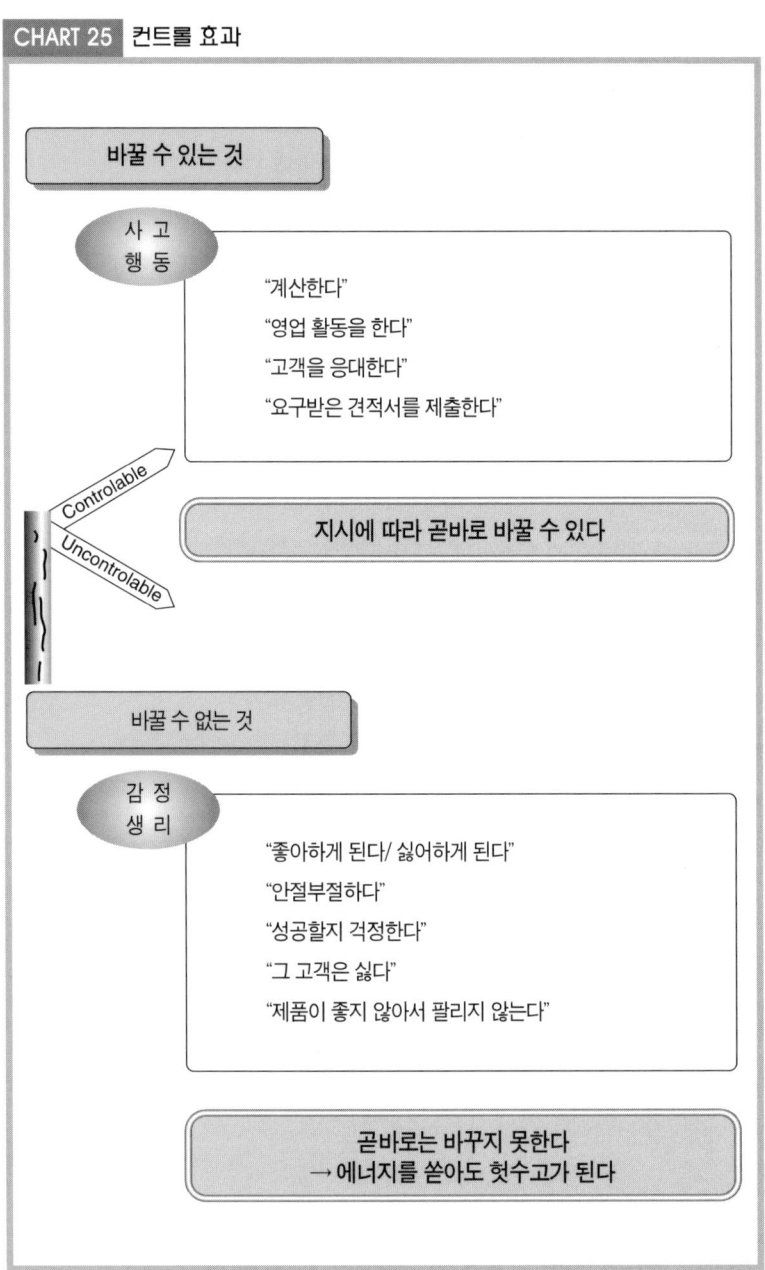

바꿀 수 있는 것

사 고
행 동

"계산한다"

"영업 활동을 한다"

"고객을 응대한다"

"요구받은 견적서를 제출한다"

Controllable

Uncontrollable

지시에 따라 곧바로 바꿀 수 있다

바꿀 수 없는 것

감 정
생 리

"좋아하게 된다/ 싫어하게 된다"

"안절부절하다"

"성공할지 걱정한다"

"그 고객은 싫다"

"제품이 좋지 않아서 팔리지 않는다"

곧바로는 바꾸지 못한다
→ 에너지를 쏟아도 헛수고가 된다

로 '80' 이라고 답을 계산해 낼 것이다. 또 "지금 목을 한바퀴 돌리세요"라고 이야기하면 곧바로 행동으로 옮길 수 있다. 이처럼 사고와 행동은 무엇인가 지시(Instruction)가 있으면 그에 따라 곧바로 바꿀 수 있다.

그러나 "옆 사람을 좋아해 주세요"라고 말한다고 해서 쉽게 좋아지는 것은 아니다. 또 "지금 바로 100cc의 땀을 흘려주세요"라고 지시한다고 해서 그대로 될 수 있는 것은 아니다.

이러한 예를 제시하면 '당연한' 것으로 생각할지도 모른다. 그러나 일상 생활이나 업무에 있어서 스스로의 힘으로는 쉽게 바꾸지 못하는 '감정'과 '생리'에 휘둘려서 집중해야 할 일에 집중하지 못하는 사람이 많다.

버스 정류장에서 버스를 기다리고 있다고 하자. 고객을 방문해야 하는데 좀처럼 버스가 오지 않는다. 멀리 버스가 오는 길을 쳐다보면서 아직도 오지 않는다고 안절부절못한다. 이런 경험은 누구나 가지고 있을 테지만 현실적으로는 아무리 안절부절못하면서 길을 쳐다본다고 해도 버스가 도착하는 시간은 달라지지 않는다. 그것을 알고는 있지만 초조해져서 아무것도 손에 잡히지 않는다.

또 반드시 타야 하는 비행기의 좌석을 예약하려고 했더니 "만석이어서 다른 사람의 예약 취소를 기다려야 한다"는 말을 들었다고 하자. 대부분의 경우 무사히 좌석을 예약할 수 있을 때까지 불안과 스트레스를 느낄 테지만 걱정한다고 해서 예약 취소가 나오거나 혹은 나오지 않는 상황이 바뀌는 것은 아니다.

이럴 때 성과를 올리는 사람은 어떤 행동을 취할까? 전자의 예로 설명하면 버스가 도착하는 시간은 변함이 없기 때문에 기다리는 동안에 휴대 전화로 연락하여 무언가 조사를 하거나 혹은 자료를 읽는다든지 시간을 효과적으로 사용하는 법을 알고 있다. 그 짧은 시간을 안절부절못하면서 보내는 것이 아니라 자신에게 도움이 되는 방향으로 활용하고 있는 것이다. 후자의 예에서도 항공 회사로부터 연락이 올 때까지 그 건에 대해서는 잊어버리든지, 혹은 티켓을 확보하지 못했을 때를 대비하여 전날의 숙박 편이나 기차로 가는 방법을 검토하는 등 적극적인 행동을 취하는 경우가 많다.

■ "지금, 무엇을 바꿀 수 있는지"를 알 수 있게 한다

이를 업무 상황에 적용하여 성과를 올리지 못하는 부하를 보면 "바꿀 수 없는 것"에 신경을 집중시키고 있는 경우가 많다는 사실을 알 수 있을 것이다. 예를 들면 "저 고객은 싫다" "그 고객을 방문하기만 하면 몸 상태가 이상해진다"는 등 싫어하는 감정과 생리 반응을 가지고 있는 경우가 있다. "회사 제품이 안 좋아서 팔리지 않는다"는 부하도 있을 것이다. 이러한 것들은 모두 부하 본인이 즉시 "바꿀 수 없는" 것들이다.

반대로 성과를 올리는 부하는 전혀 다른 사고를 가지고 있다. 싫은 고객에 대해서는 "그 고객은 싫지만 가능한 한 싫은 얼굴을 보지 않으려면 자신이 어떻게 응대해야 하는가"라든지, "가능하면 그 고객에게 찾아가지 않아도 될 수 있도록 다른 회사(고객)에서 매출을 더 많이 올려서 목표를 달성해 버리자"고 생각한다. 그리고 "제품의 품질은 좀 떨어지지만 이 제품이면 된다고 생각해 주는 고객은 어떤 고객일까?" "그런 고객을 어떻게 찾아내야 하는가"라고 행동으로 연결시킨다. 바꿀 수 없는 것에 집착하지 않고 바꿀 수 있는 것으로 의식을 전환하여 집중하는 것이다. 생각을 바꾸고 이를 바탕으로 방문 건수를 늘리는 등 자신이 컨트롤 할 수 있는 '사고'와 '행동'은 바꿀 수 있는 것이다.

독자 여러분도 이미 알고 있겠지만 '바꿀 수 없는 것'은 자신의 '감정'과 '생리' 뿐만 아니라 '타인'도 마찬가지이다. 앞의 예에서처럼 '싫은 고객'이라는 타인을 바꾸려고 하는 것은 무리이다. 또 자신의 '감정'과 '생리'도 바꿀 수 없다. 그렇다면 자신의 '사고'와 '행동'을 바꿀 수밖에 없다.

"바꿀 수 없는 것"에 신경을 집중해 버리는 부하에 대해서는 상사의 지도가 필요하다. "바꿀 수 없는 것"에 신경을 뺏겨서 시간을 허비하지 않도록 "무엇을 바꿀 수 있는가"라는 질문을 던져야 하는 것이다. 이러한 부하에게 "지금 해야 할 것이 무엇인가"라고 물어보면 제품에 매력이 없다, 고객이 융통성이 없다는 등 자신의 힘으로는 바꿀 수 없는 것에 업적 부진의 원인을 돌리려고 한다. 상사는 이에 대해 "그러한 상황을 돌파하기 위해 당신이 지금 할 수 있는 일은 무엇인가"라고 부하의 행동이 변화할 수 있도록 촉구하지 않으면 안 된다.

이처럼 사고와 행동을 바꿈으로써 자신도 모르는 사이에 감정과 생리에도 변화가 일어나는 경우도 있다. 이는 '선택이론 심리학'이라고 불리는 것으로서, 예를 들면 실연을 당하여 기분이 가라앉아 있을 때 조깅을 하면 달리고 있는 동안에는 실연에 따른 슬픔을 잊을 수 있다. 땀이 나고 맥박이 빨라져서 실연의 슬픔이 들어설 여지가 없어지기 때문이다.

비즈니스에 있어서도 마찬가지여서 싫어하는 고객에게 접근하는 방법을 잘 지도하면 부하의 고객 응대 자세가 달라진다. 지금까지의 응대 방법을 다시금 살펴보고 자신의 '행동' 을 바꿔서 접근함으로써 고객도 자연히 다가오는 경우도 많다. 상사의 조언 하나가 이러한 효과를 낳는다는 사실을 기억해 둘 필요가 있다.

4

Scramble Effect

성공 사례의 공유 기회를 만들어라

■프로세스까지를 포함하여 성공 사례를 발표하게 한다

사람은 자신에게 스포트라이트가 맞춰지는 것과 주인공이 되는 데에 많은 기쁨을 느끼게 된다는 것, 그 때문에 부하 한 사람 한 사람이 주인공이 되는 기회를 가능한 한 많이 만드는 것이 중요하다는 점에 대해서는 앞에서 설명했다.

그러한 기회의 한 예로 부하의 성과나 실적, 작품과 그곳에 이르기까지의 프로세스를 발표하도록 하는 장을 만드는 방법이 있다. 이는 부서 단위에서 실시할 수도 있고 회사 차원에서 연간 행사로 실시하는 것도 좋다. 단순한 표창과 다른 점은 자신의 입으로 발표

한다는 점과 결과뿐만 아니라 본인의 업무에 대한 자세나 프로세스를 발표하도록 한다는 데에 있다.

이러한 기회를 만드는 것은 스포트라이트 효과뿐만 아니라 구성원간, 부서간에 서로를 촉발하는 효과가 있다. 혼자서 무대에 서서 이야기하는 동안 그 이야기에 부서 혹은 회사 전체가 귀를 기울이게 된다. 표창에 대한 감사의 인사와는 달리, 같은 업무를 하고 있는 동료의 입장에서 어떻게 그 사람은 높은 성과를 올리고 있는지, 성공의 요인은 무엇이었는지 등에 대해 다른 구성원들은 흥미를 가지고 진지하게 이야기를 들을 것이다.

발표하는 본인에게도 자신의 업무에 대해 그 프로세스까지 발표함으로써 자신의 업무 수행을 재평가하는 기회가 된다는 점에서 의미가 있다. 설령 평소에 높은 성과를 올리고 있는 부하일지라도 성과를 올릴 수 있는 행동 특성을 명확히 파악하고 있는 사람은 드물다. 무언가 분명치는 않지만 "사람들과 잘 사귀어서 어디를 가든지 환영받는다" "제안력이 있다고 생각한다" 등 왜 자신이 다른 사람들보다 높은 실적을 올리고 있는지 막연히 생각하고 있을 뿐인 경우가 많다.

그러나 평상시에는 결과에만 신경을 쓰게 되어 다른 구성원들과 이야기 할 때도 "그 때는 정말 힘이 들어서…" 등으로 고생했던 것을 회상하는 정도였던 것이, 이러한 발표 기회가 있으면 "성과를 올릴 수 있었던 것은 무슨 이유 때문인지" "성과를 올리기 위해 어떻게 행동하려고 했는지" "성과를 올리는 데에 장애물은 무엇이었으며, 그것을 어떻게 해결했는지" 등 프로세스를 돌아보고 성과를 올릴 수 있었던 요인을 추출할 수 있게 된다.

그때까지는 그다지 눈에 띄지 않았었는데 어떤 프로젝트에서는 성과를 올렸다거나 혹은 갑자기 높은 성과를 올리게 되었다는 부하라면 "이 프로젝트에서는 기존의 업무 추진 방식과 무엇이 달랐는지"를 중점적으로 생각하게 한다.

■ 타인과 자신이 섞임으로써 효과가 생긴다

이렇게 함으로써 자신이 어떠한 행동을 취하면 성과를 올릴 수 있는지 부하 자신이 인식할 수 있게 된다. "고객에 대한 사후 관리의 성실함이 재구매로 이어지는 것이다" "이번 프로젝트에서는 기존의 관념에서 벗어나 소비자를 대상으로 한 상세한 인터뷰가 성과로 이어졌다"는 등, 일상 업무 속에서는 깨닫지 못했던 점을 발견하게 된다. 이렇게 되면 "다음에도 이렇게 하면 성과를 올릴 수 있다"는 점이 명확해 지고, 나아가 "그 때 이렇게 했다면 더욱 쉽게 일이 진행되었을 지도 모른다"는 등 반성해야 할 점도 분명해 진다. 그리고 "다음에는 목표 시장의 소비자뿐만 아니라 다른 계층의 소비자에 대해서도 조사를 실시하여 비교해 보고 무언가 알 수 있는 점은 없는지 테스트해 봐야겠다"는 등 다음 업무를 추진할 때 참고로 할 사항이 발견되어 새로운 모티베이션이 생겨나기도 한다. 또 발표 시에 향후의 목표와 개선점에 대해서 이야기하도록 해 두면 중간 목표의 선언으로 이어져서 효과적이다.

CHART 26 스크램블 효과

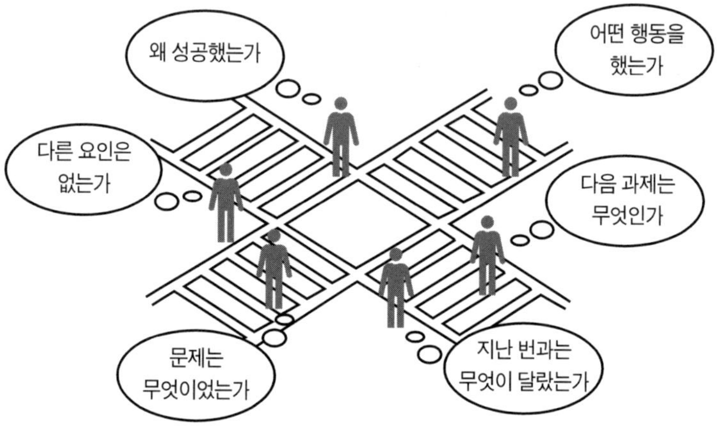

왜 성공했는가

어떤 행동을 했는가

다른 요인은 없는가

다음 과제는 무엇인가

문제는 무엇이었는가

지난 번과는 무엇이 달랐는가

회사 전체나 부서 전체에서 업무의 성과에 대해 공유할 수 있는 기회를 만든다

이러한 발표는 스포트라이트 효과와 합해져서 상승(相乘) 효과를 낸다는 데에 의미가 있다. 그것은 '발표자'가 자세하게 설명한 성공 사례를 모두가 공유함으로써 가능하다. 성공에 이르는 프로세스까지를 포함하여 구성원 사이에 공유됨으로써 "이렇게 하면 성과를 올릴 수 있을지 모르니 시험해 보자"고 자신의 업무에 피드백해 보거나 자신의 업무 추진 방식에 대해 되돌아보는 부하도 생겨날 것이다.

성공 사례를 공유하도록 하는 데에는 다른 방법도 있다. 예를 들면 연 1회 혹은 반기 1회 등으로 기간을 정하여 "이 기간 중의 성과에 대해서 보고서로 작성할 것"을 부하 전원에게 과제로 부여하는 방법을 생각할 수 있다. 성과 보고서는 본인이 성공 요인을 인식하고 다음 번에 이를 살리는 데로 이어짐은 물론 부서 내에서 공유화를 도모함으로써 구성원들 서로가 어떤 일을 어떻게 추진하는지를 알 수 있다. 개선, 혁신적인 제안, 매출액의 향상, 효율화 등 성과와 그 프로세스를 공유함으로써 자신이 부족했던 점을 깨닫게 될 수도 있고 새로운 방법을 발견할 수도 있다. 또, 부서 내에서뿐만 아니라 경우에 따라서는 다른 부서와도 공유함으로써 그 부서에 부족한 스킬이나 사고 방법 등에 좋은 영향을 미치는 효과를 기대할 수 있다.

물론, 성공 요인을 알기만 하면 모든 것이 잘 되는 것은 아니겠지만 자신의 업무에 대해 되돌아보고 새로운 깨달음을 얻을 수 있다는 점에서 타인과 성공 체험을 서로 공유하는 것(Scramble)은 그 효과가 매우 크다.

5

Massage Effect

동일한 상황에 있는 타인과의 교류 기회를 만들어라

■고민을 공유함으로써 부정적인 감정이 사라진다

　부하가 안고 있는 고민은 금방 해결할 수 있는 것에서부터 해결할 수 없는 것까지 다양하다. "고객과의 사이에 문제를 일으키고 말았다"는 구체적인 고민이나 원인이 명확한 고민은 비교적 해결하기 쉽다. 그러나 "왜 매출이 올라가지 않을까" "왜 새로운 기획 안을 만들어 내지 못할까" "업무가 생각처럼 잘 진척되지 않는 것은 왜일까"라는 등 원인이 하나가 아니라 복잡하게 얽혀있거나 원인을 알지 못하는 고민은 상담을 해 준다고 하더라도 금방 해결할 수 있는 것은 아니다.

물론 상사는 고민을 해결하기 위해 원인을 찾는 노력을 게을리 해서는 안 된다. 부하의 업무 추진 방식, 커뮤니케이션 방법 등을 관찰하여 나쁜 부분을 지적해 줄 필요가 있다. 부하 스스로 그것을 깨닫고 고침으로써 문제를 해결할 수 있도록 조언하는 것이다. 그러나 고민을 해결하기까지 너무 오랜 시간이 걸려서 부하가 "나는 무엇을 해도 안 된다"고 의욕을 상실해버리는 상황이 되기 전에 상사는 무언가 직접 대책을 강구할 필요도 있다.

이와는 별개로 동일한 고민을 가지고 있는 타인과 고민을 공유하는 기회를 만드는 것도 효과적이다. 비슷한 고민을 가진 다른 사람의 존재를 알게 됨으로써 일종의 안심감을 가질 수 있기 때문이다.

앞에서도 설명한 것처럼 부하의 고민은 "왜 나는 잘 안 되지?"라는 등의 누구나 가진 고민인 경우가 많다. 그러나 그러한 고민을 밖으로 드러내는 사람은 거의 없기 때문에 자신만이 고민하고 있는 것으로 생각하기 쉽다. "나 혼자만 못한다" "나만 뒤처져 있다"라고 혼자서 고민하고 모티베이션을 저하시키고 만다.

그러나 이러한 공유 기회를 통하여 "같은 고민을 가진 사람이 많다"고 깨닫는 것만으로도 고민이 사라지는 경우도 많다. "다들 그렇다"고 알게 됨으로써 "나 혼자만 못한다"는 부정적 감정에서 벗어날 수 있다.

재해 시에 재난을 당한 사람들끼리 함께 모여서 서로 이야기를 하면 슬픔이 조금 가라앉는다고 한다. 이와 마찬가지로 영업직은 영업직끼리, 리더는 리더끼리, 신입사원은 신입사원끼리 같은 고민을 가진 구성원들이 모여서 커뮤니케이션을 함으로써 서로의 마음

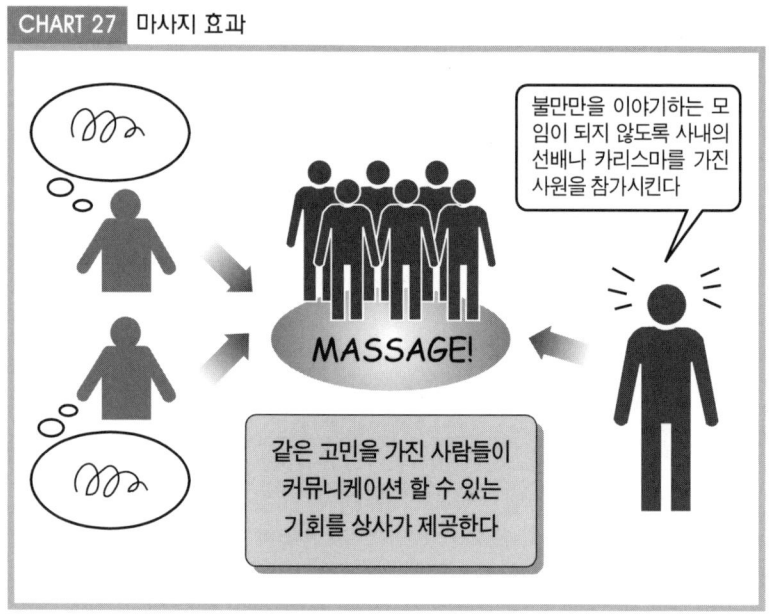

CHART 27 마사지 효과

을 마사지하는 기회가 때로는 필요한 것이다.

많은 기업들에서 사원이 입사한지 반년 정도 지나면 신입사원 지원 연수를 실시한다고 한다. 반년 정도가 지나면 연수 기간이 끝나서 선배 사원과 함께 일을 할 뿐만 아니라 혼자서 처리하도록 맡겨지는 업무도 늘어나게 된다. 이렇게 되면 모르는 것이 많고, 벽에 부딪히거나 때로는 실패도 하게 된다. 이러한 상황에서 "자신은 이 업무에 맞지 않다" "못한다"고 고민하는 신입사원이 증가하여 자칫하면 "그만두어 버리자"고 생각하는 사원도 생겨난다. 이러한 시기에 연수를 실시하여 다른 신입사원들도 같은 고민을 가지고 있다는 것을 알게 되면 심리적으로 상당히 편안해 져서 "좀더 노력해 보자"고 기분을 새롭게 하는 신입사원이 많다.

리더나 주임이 되어 예전에는 자기 자신의 업무 성과에만 매달리면 되었지만 후배 교육이나 프로젝트 관리가 맡겨지면 누구나 사람을 관리하고 성과를 올리도록 하는 일의 어려움을 실감한다. 이러한 경우에는 "사람의 관리는 아직 자신에게는 무리다" "관리직이 되는 것이 불안하다"는 등의 고민을 가지게 될 것이다. 이 때도 비슷한 상황에 있는 부하들을 모아서 교류하게 함으로써 누구나 그러한 고민을 가지고 있으며, 누구나 그런 벽에 부딪히고 있다는 사실을 깨닫게 된다. 이를 통하여 "좀더 긴 안목을 가지고 부하를 살펴보자" "서서히 리더답게 되어 갈 것이다"라는 여유가 생기게 된다.

■정색하고 포기해버리는 데에 주의

가능한 한 상사가 이러한 교류 기회를 만듦으로써 부하의 모티베이션을 향상시킬 수 있다. 한번 이러한 기회를 경험하면 다음부터는 그러한 교류의 장이 없더라도 자연스럽게 연락하여 서로 고민을 털어놓게 된다.

취업 활동을 하는 학생들이 세미나를 통해서 서로 알게 되면 메일이나 전화로 서로 연락하여 정보를 교환하고, 더 나아가 입사 지원서나 면접에 대해 서로 협력한다고 한다. 이들도 같은 고민을 가진 사람들끼리 교류하여 서로 위로함으로써 취업 활동이라는 벽을 넘어서려고 하는 것이다.

그러나 '동병상련'을 느끼는 데에만 머물러서 "모두 똑같다"

"지금 이대로도 괜찮다"고 정색하여 포기해버리는 기회로 삼지 않도록 주의할 필요가 있다. 이러한 기회는 어디까지나 굳어져 있는 기분을 풀고 새로운 마음으로 다시 열심히 노력하도록 하기 위한 것이다. 비슷한 고민을 가진 사람들이 모여서 "이런 고민을 가진 사람들이 많기 때문에 그리 애쓸 필요가 없다"는 생각을 갖게 되면 모티베이션이 향상되기는커녕 오히려 업무에 임하는 자세가 허물어지지 않는다고도 단정할 수 없다. 그러한 경향이 나타나는 징조가 보이면 교류의 방법에 대해 여러 가지로 연구할 필요가 있다.

영업직끼리 모이는 경우라면 고참 사원이나 사내에서 카리스마를 발휘하는 사원을 함께 참가시켜서 "자신이 그런 고민을 가졌을 때는 이런 방법으로 극복했다"는 등의 적극적인 조언을 스스럼없이 던질 수 있도록 사전에 준비해 두는 것도 좋은 방법이다. 마찬가지로 신입 사원 연수의 경우라면 3년차 정도의 선배를 참가시키고 사원 리더나 주임 정도의 위치에 있는 사람들의 모임이라면 직접 관계가 없는 부서의 과장 등을 섞어 놓으면 부정적인 방향으로 흘러가는 것을 피할 수 있다.

부하들이 지향하는 바가 다양화 된 오늘날 모든 부하에게 적용할 수 있는 모티베이션 시책은 존재하지 않는다. 시행착오를 반복하면서 하나의 방법이 효과를 발휘하지 않으면 다른 방법을 시행해 보는 끈기가 필요하다. 교류 모임도 마찬가지로 처음에는 성공하지 못하더라도 포기하지 말고 참가하는 구성원이나 방법을 바꾸는 등의 지속적인 노력이 필요하다.

6

Value Effect

자신의 경쟁 우위성을 인식시켜라

■누가 하더라도 마찬가지여서는 의욕이 생기지 않는다

전직을 경험한 사람의 이야기를 들으면 "전 직장의 업무는 누가 하더라도 똑같다는 느낌이 들었다" "내가 회사를 쉬어도 아무런 문제도 일어나지 않았다. 내가 없어도 상관없는 존재로 생각됐다" 라는 사람이 적지 않다.

자신이 그 회사, 그 부서에게 그다지 의미가 없는 존재, 자신이 없어지더라도 다른 사람으로 대체 가능하다고 생각하게 되는 순간 그 사람의 업무에 대한 모티베이션은 하락의 길을 걷는다. 그 업무를 "누가 하더라도 마찬가지" 라고 느껴버리면 자신의 가치를 인식하지 못하여 그 이상 "생산성을 높이자"라거나 "더욱 연구하여 일이 쉽도록 하자"는 등의 적극적인 기분은 가질 수가 없다.

물론 업무 중에는 매일 동일한 일을 반복하는 정형적인 업무도 있다. 그러한 업무를 담당하는 사람들을 포함하여 "이 업무는 당신이 아니면 안 된다"는 것과 함께 각 개인이 "회사와 부서에 있어서 대체 불가능한 존재"라는 것을 느끼도록 하는 매니지먼트가 필요하다. 그 사람 자신의 '가치' '효력감' '존재감'을 상사가 심어 주지 않으면 안 된다.

일본은 전쟁 전부터 전후 수십 년 간은 군수 산업, 조선업, 건설업, 전기 산업 등 산업 단위로 경제를 견인한 시기였다. 즉 산업 전체가 부흥과 쇠퇴를 반복해 왔으며 부흥기에는 그 업계에 속하는 모든 기업이 성장하고 커다란 가치를 창출해 왔던 것이다.

이러한 고도 성장기가 끝나자 이번에는 경제의 성숙에 따라 같은 산업 내에서도 기업별로 승자와 패자가 명확해 지게 되었다. 가치가 높은 상품과 서비스를 창출할 수 있는 기업은 강해지고 그렇지 못한 기업은 도태되어 가는 과정을 거쳐왔다. 승자 기업에 소속된 사람, 즉 대부분 대기업이라는 커다란 배를 탄 종업원들은 그 배에 계속 타 있기만 하면 미래는 안심이라고 믿었던 시기였다.

그러나 이제 그러한 신화는 붕괴되고 말았다. 기업이 무사하면 개인도 무사하다는 도식은 무너졌으며, 또 어떠한 기업도 앞으로 오랜 기간 동안 '무사' 할 수 있다고는 말할 수 없게 되었다. 이러한 시대에 믿을 수 있는 것은 '자신' 밖에 없다. 설령 자신이 속한 기업이 '무사' 한 상태라고 하더라도 자신도 '무사' 하다고는 하기 어렵다. 치열한 국제 경쟁에 노출된 기업들은 항상 사업 구조 조정을 의식하면서 보다 높은 가치를 창출하는 집단이 되려고 노력한다. 즉, 개인이 가치를 창출하지 못하거나 강점을 가지고 있지 않으면 기업에서의 존재 가치를 잃어버리게 되는 것이다.

■개인에게서 가치를 발견하는 시대

현재의 고용 환경은 '미스 매치(Miss Match)' 라는 단어로 표현되는 경우가 적지 않다. 2001년 여름 이후 분명히 그 숫자는 줄어들고 있지만 그래도 여전히 구인 정보지에는 수백 건의 모집 광고가 실려있다. 그럼에도 불구하고 높아진 실업률은 전혀 떨어지지 않고 있으며 실업 기간이 장기화되는 사람도 넘쳐나고 있다. 한편, 헤드헌팅 업체로부터 매일처럼 스카우트 제의를 받고 있는 인재도 있다. 이는 가치를 창출할 수 있는 사람과 그렇지 못한 사람의 차이이다. 높은 가치를 창출할 수 있는 인재는 여러 기업으로부터 프로포즈를 받고 그렇지 못한 인재는 일조차 구할 수 없게 되거나 낮은 임금으로 일을 할 수밖에 없게 되는 것이다.

지금까지처럼 "A 기업에 속한 B씨"와 같이 장기 고용이라는 보증 하에 기업이 개인을 포함하고 있는 것이 아니라 "A 기업에 가치를 제공하고 그에 걸 맞는 보수를 받는 개인 기업 B씨"라는 식으로 그때그때 개인이 창출하는 가치를 기업이 지불하는 보수와 동일한 가치를 교환하는 시대가 되었다고 할 수 있다. 즉, B씨가 기존에 받아 왔던 보수와 동등한 가치를 창출 할 수 없어지면 계약이 성립되지 않게 되어 감봉, 더 나아가 여차하면 해고도 있을 수 있다.

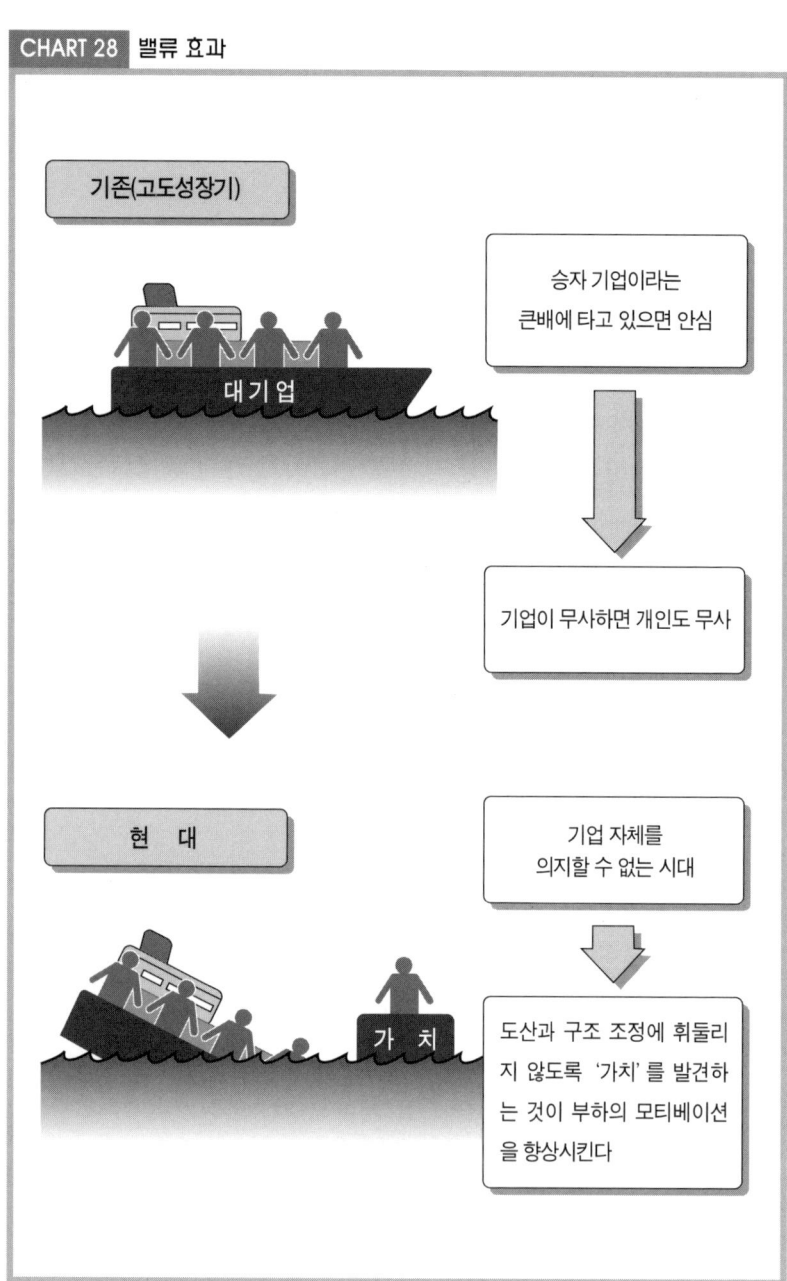

CHART 28 밸류 효과

기존(고도성장기)

대기업

승자 기업이라는
큰배에 타고 있으면 안심

기업이 무사하면 개인도 무사

현 대

가 치

기업 자체를
의지할 수 없는 시대

도산과 구조 조정에 휘둘리
지 않도록 '가치'를 발견하
는 것이 부하의 모티베이션
을 향상시킨다

이러한 사회적 배경으로 인하여 "과연 이 회사에서 자신의 존재 가치를 높일 수 있을까"라는 문제 의식을 갖고 자신의 시장 가치에 민감해진 사람이 증가하고 있다. 자신의 업무에 대해 "누가 하더라도 마찬가지"라고 인식하게 된 순간 모티베이션이 하락할 뿐만 아니라, 보다 가치를 인정해 주고 나아가서 자신의 가치를 향상시킬 수 있는 회사로 전직하려고 생각하는 사람이 많아진다.

다시 말하면 상사가 부하 각 개인에게서 존재 가치를 발견하지 못하거나 부하 본인이 존재 가치를 실감할 수 있는 업무를 배당하지 않으면 부하의 의욕은 저하되며 마침내 다른 회사로 전직하는 등 바람직하지 않은 결과를 초래하고 만다. 상사는 "이 업무만은 당신에게 맡기지 않으면 해결이 안 된다" "이 업무의 이 부분을 당신이 담당하는지 하지 않는지에 따라 성패가 달라진다"라고 부하 본인의 경쟁 우위성을 인식시켜야 한다. 이렇게 함으로써 "이 부분은 누구에게도 지지 않도록 하자"라고 힘을 쏟게 되며 "회사가 필요로 하고 있다"라는 생각에서 사업 전체의 움직임에 관심을 가지게 된다.

그러나 그 경쟁 우위의 부분이 본인이 지향하는 바와 전혀 다르다면 아무리 주위에서 강점이라고 인정하더라도 힘을 쏟으려는 생각이 들지 않을 것이다. 또 사람에 따라서는 강점이 표면화되지 않아서 발견할 수 없는 경우도 있다. 이러한 경우에는 상사가 부하와 면담하여 본인이 어떤 부분을 강점으로 삼고 싶은지, 어떤 업무를 하고 있을 때 가장 집중할 수 있는지를 상의할 필요가 있다.

본인이 지향하는 바와 맞지 않지만 어쩔 수 없이 그 업무를 담당하게 해야 할 경우에는 어떻게 하는 것이 바람직한가? 또 정형적인 업무를 담당하는 사람에게는 어떻게 '존재감' 을 가지게 할 것인가? 이 경우 상사는 그 업무를 그 사람 자신이 수행하는 의미를 부여하지 않으면 안 된다. "당신이 이 업무를 수행함으로써 회사의 매출에 크게 공헌할 수 있다" "매일 매일 당신이 처리하는 이 업무가 회사를 이런 식으로 지탱하고 있다" 는 등 공헌을 실감하게 함으로써 모티베이션을 유지할 수 있도록 노력해야 한다. 이를 통하여 부하가 자신의 업무를 재인식하고 자신의 가치 및 경쟁 우위성을 발견하여 변화되어 가는 케이스도 드물지 않다.

7

Criteria Effect

판단 기준을 명확히 하라

■무엇이 가장 중요한지를 공유한다

관리자가 확고한 기준을 가지고 있고 그것이 공유되고 있다면 여러 상황에서 부하가 판단을 내리는 데에 망설일 필요가 없다. 반대로 판단 기준을 분명히 가지고 있지 않은 상사 밑에서 일하는 것만큼 부하에게 괴로운 일은 없다.

상대에 따라서 행동이 달라지고, 이유도 분명하지 않은 채 어떤 상황에서는 A를 중시하고 다른 상황에서는 B를 더 중요시하는 상사 아래에서는 부하가 의욕을 잃어버리고 신뢰 관계도 형성되지 않는다.

일이나 사물에는 상황에 따라서 판단을 달리해야 할 부분과 상황이 바뀌어도 판단을 바꿔서는 안 되는 부분이 있다. 그것을

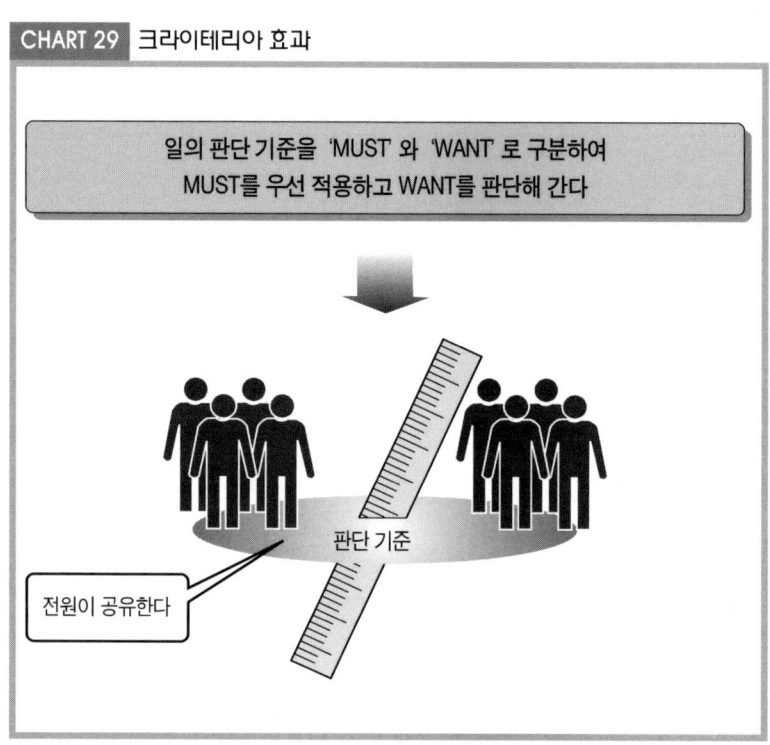

CHART 29 크라이테리아 효과

일의 판단 기준을 'MUST' 와 'WANT' 로 구분하여
MUST를 우선 적용하고 WANT를 판단해 간다

판단 기준

전원이 공유한다

"MUST = 절대로 빼놓을 수 없는 항목"과 "WANT = 가능하다면 받아들이고 싶은 항목"이라는 두 개의 축으로 구분함으로써 가장 우선해야 할 것이 무엇인지, 그 다음으로 우선 순위가 높은 것은 무엇인지, 바꾸어도 지장이 없는 것은 무엇인지 등을 명확히 하는 것이 중요하다.

예를 들면 영업 사원의 경우 '고객 만족'이 최우선이라는 판단 기준을 결정한다. 이는 'MUST'이다. 이렇게 해 놓으면 지금까지와는 상황이 달라져서 새로운 결정을 내릴 필요가 생긴 경우에도 '고객 만족'이라는 MUST 항목을 우선적으로 적용하고 거기에

WANT 항목을 가능한 한 포함할 수 있도록 판단을 내리기 때문에 기준이 흔들리지 않게 된다.

그러나 그러한 판단 축이 없다면, 혹은 있다고 하더라도 공유되고 있지 않으면 구성원은 상사가 무엇을 가지고 판단했는지를 알 수 없다. 판단 기준이 명확하지 않은 상사의 판단은 결국 각각의 '개별 상황'에 대해서 밖에는 의미를 가지지 못하기 때문에 다른 상황에 적용할 수 있는 재현성이 없다. 때문에 부하는 상사의 결정을 통하여 회사 혹은 부서의 '판단 기준'을 체득할 수가 없게 되며 시간이 흘러도 판단력을 몸에 익힐 수 없어서 성장하지 못한다. 중요한 것은 판단 기준을 명확히 설정하고 그것을 직장 내에 침투시키는 것이다. 부하에게 적극적으로 이를 반복하여 제시하고 합의를 이끌어 가야 한다. "지금 우리 부서에서는 이것을 가장 중요한 것으로 삼고 싶다. 향후 3개월 동안은 이것을 최우선하여 업무에 임해 주기 바란다"고 회사 상황, 고객 상황, 자신이 거느리고 있는 구성원의 역량 등을 고려하여 기준을 명확히 해야 하는 것이다. 판단 기준의 공유는 부하와 함께 목표를 향해 매진하기 위해서나 부하의 성장이라는 점에서도 필수 불가결하다.

상황에 따라서 판단 기준이 바뀐 경우에는 달라졌다는 사실도 공유하도록 한다. "어떻게 바뀌었는지"를 구체적으로 나타내고 "왜 바뀌었는지"라는 배경도 포함하여 분명하게 전달해야 한다.

"회사의 재무 상황이 변화되었기 때문에 그에 대응하기 위해 1개월 전과는 원칙이 달라졌다"는 등 구체적인 배경까지 이해하면 부하는 일과 사물에 대한 관점을 처음으로 되돌려서 새로운 기준을 받아들이는 자세를 갖출 것이다.

MOTIVATION MANAGEMENT

6

Chapter 6

(주) 링크 앤 모티베이션에서의 실험적 적용

1. 3개월을 1년으로 보는 LMI 캘린더

2. 회사 구성원의 요건을 규정한 LMI 스타일 카드

3. 조직의 DNA를 공유하는 DNA 강좌와 DNA 통신

4. 종업원 지주회를 발전시킨 오너십 제도

5. 사원들이 서로를 칭찬하는 BMC 챌린지 제도

6. 독자적인 보상 제도 인센티브 빙고

7. 개방형 커뮤니케이션을 테마로 한 오피스 환경

8. 신선한 자극을 낳는 레이아웃 변경

9. 모티베이션 조사를 통한 조직의 정기 건강 진단

1

3개월을 1년으로 보는 LMI 캘린더

■ 이제 1년 = 365일로는 너무 늦다

필자가 대표를 맡고 있는 링크 앤 모티베이션(LMI)에서는 독자적인 캘린더를 채용하고 있다. 가장 큰 특징은 3개월마다 설정되어 있는 연말연시 휴가 = 피트인(Pit in : 자동차 경주에서 급유나 고장 등으로 인하여 경주로 옆에 설치된 수리소로 들어가는 것 - 역주) 휴가이다.

최근에는 한 분기를 업적 관리 기간으로 설정하고 있는 기업도 많으나 휴일 같은 기간의 마침표가 없기 때문에 종업원에게는 '분기'라는 기간 의식이 흐려진다. 필자는 이러한 부분에 무언가 명확하지 않다는 느낌을 가지고 있었기 때문에 회사를 설립하면서 "세상의 3개월은 당사의 1년이다"라는 속도감을 명실공히 철저히 하기 위해 그 기간이 끝날 때마다 5일 연휴를 두어 다음 3개월을 위한 충전 기간으로 삼은 것이다. 그런 의미에서 2000년 4월에 설립된 필자의 회사는 2003년 1월에 이미 12년째를 맞이하고 있다고 할 수 있다. 사내에서 기간을 지칭하는 명칭도 창업부터 3개월까지가 '1 기', 2003년 1월부터 3월까지의 기간은 '12기'로 호칭하고 있다.

또, 징검다리 연휴 등의 경우에는 샌드위치 데이를 휴일로 만들어서 한 번에 오래 쉴 수 있도록 하고 있기도 하다. 연간 전체 휴일 수는 115일로 정해져 있기 때문에 결과적으로는 근무하는 토요일이 많아지긴 하지만, 이 날은 외부로부터 전화도 별로 없어서 업무에 집중할 수 있다는 장점이 있다.

필자는 최근의 급변하는 환경 변화에 기업이 대응하기 위해서는 1년 = 12개월이라는 감각으로는 너무 늦다고 생각한다. 우리의 사고와 행동의 스피드를 높이기 위해서는 근본적인 '시간 관념'에 대한 변혁이 필요하다고 생각하여 상식에 구애받지 않는 독자적인 캘린더 작성을 실행했던 것이다.

3개월 째의 마지막 날에는 '사원 총회'를 개최하여 회사 업적과 부서 업적을 공유하기도 하고 "공유할 가치가 있는 질 높은 성과"에 대한 모티베이션 크리에이터 표창, 각 부서의 결산과 다음 기의 방침 공유, 파티 형식의 식사 등을 반나절에 걸쳐서 실시하고 있다. 일정 부분 비용이 소요되긴 하지만 지난 3개월에 대해 명확히 평가하고 다음 단계를 향한 의식 공유가 이루어지기 때문에 효과가 크다고 실감하고 있다. 당사는 100명 정도의 크지 않은 조직이지만 사업 전개의 스피드가 빠른 만큼 자칫하면 자신이 속한 부서의 업무밖에는 알지 못하는 폐해도 발생할 수 있다. 매월 말의 결산과 3개월마다 실시되는 사원 총회에서 회사 전체의 방향성과 부서 및 자신의 업무가 어떻게 관련이 되어 있는지 그 의미를 생각할 수 있는 기회이기 때문에 각 개인의 모티베이션이라는 관점에서도 매우 중요하다.

■평가 · 상여도 '3개월' 단위

사원의 평가도 3개월 단위로 실시하고 있다. '퍼포먼스(Performance)'와 '스트레치(Stretch)' 등 두 가지 지표를 점수화하여, 다음 3개월 동안의 월 급여에 곧바로 반영시키고 있다. '퍼포먼스'는 수치화 할 수 있는 성과, '스트레치'는 각 개인의 변혁 목표로서 성과라고 하기보다는 프로세스 측면에 주목한 목표이다. 커미트먼트 시트(Commitment Sheet)라고 불리는 목표 설정 시트에 각자가 기입한 것을 바탕으로 관리자와 협의하여 설정한다. 그리고 3개월의 기간이 종료되면 결과와 목표치를 비교하여 최종 평가를 결정한다. 기간이 시작되는 초기에는 임원을 포함한 전 사원의 스트레치 목표가 사내 게시판에 게시된다. 이를 통하여 서로가 어떠한 '변화'와 '성장'을 목표로 하고 있는지를 공유하는 시스템을 구축하고 있다. 이처럼 각자의 목표를 명확히 함으로써 '골 세팅 효과'를 도모하고, 그 목표를 전 사원과 공유함으로써 '라이벌 효과'의 발휘로 이어지고 있다.

2002년 4월부터는 6월과 12월에 지급되던 상여금을 폐지하고, 3개월 단위의 평가 결과와 연동시킨 '프리미어 보수'를 2월, 5월, 8월, 11월에 지급하는 방식으로 전환했다(일본 기업은 대부분 6월과

CHART 30 | LMI CALENDAR 2002

3개월을 1년으로 하여, 세상을 4배 속도로 달린다

【8기】

1월 January

일	월	화	수	목	금	토
		1	2	3	4	5
6	7	8	9	10	11	12
13	14	15	16	17	18	19
20	21	22	23	24	25	26
27	28	29	30	31		

2월 February

일	월	화	수	목	금	토
					1	2
3	4	5	6	7	8	9
10	11	12	13	14	15	16
17	18	19	20	21	22	23
24	25	26	27	28		

3월 March

일	월	화	수	목	금	토
					1	2
3	4	5	6	7	8	9
10	11	12	13	14	15	16
17	18	19	20	21	22	23
24	25	26	27	28	29	30
31						

【9기】

4월 April

일	월	화	수	목	금	토
	1	2	3	4	5	6
7	8	9	10	11	12	13
14	15	16	17	18	19	20
21	22	23	24	25	26	27
28	29	30				

5월 May

일	월	화	수	목	금	토
			1	2	3	4
5	6	7	8	9	10	11
12	13	14	15	16	17	18
19	20	21	22	23	24	25
26	27	28	29	30	31	

6월 June

일	월	화	수	목	금	토
						1
2	3	4	5	6	7	8
9	10	11	12	13	14	15
16	17	18	19	20	21	22
23	24	25	26	27	28	29
30						

【10기】

7월 July

일	월	화	수	목	금	토
	1	2	3	4	5	6
7	8	9	10	11	12	13
14	15	16	17	18	19	20
21	22	23	24	25	26	27
28	29	30	31			

8월 August

일	월	화	수	목	금	토
				1	2	3
4	5	6	7	8	9	10
11	12	13	14	15	16	17
18	19	20	21	22	23	24
25	26	27	28	29	30	31

9월 September

일	월	화	수	목	금	토
1	2	3	4	5	6	7
8	9	10	11	12	13	14
15	16	17	18	19	20	21
22	23	24	25	26	27	28
29	30					

【11기】

10월 October

일	월	화	수	목	금	토
	1	2	3	4	5	
6	7	8	9	10	11	12
13	14	15	16	17	18	19
20	21	22	23	24	25	26
27	28	29	30	31		

11월 November

일	월	화	수	목	금	토
					1	2
3	4	5	6	7	8	9
10	11	12	13	14	15	16
17	18	19	20	21	22	23
24	25	26	27	28	29	30

12월 December

일	월	화	수	목	금	토
1	2	3	4	5	6	7
8	9	10	11	12	13	14
15	16	17	18	19	20	21
22	23	24	25	26	27	28
29	30	31				

■는 연휴

피트 인 휴가
~3개월마다 5일 연휴~

1월 · 4월 · 7월 · 10월이 시작될 때 5일 연휴를 설정.
3개월 = 1년이기 때문에 이는 연말연시 휴가.
평일 공휴일을 효과적으로 활용하여 재충전한다.

12월 두 차례 상여금을 지급함 - 역주). 3개월이 끝날 때는 '피트 인 휴가', 3개월의 중간에는 '프리미어 보수' 등 완전히 3개월 단위로 모든 것이 완결되는 인사 제도로 변경한 것이다.

매월처럼 새롭게 입사하는 중도 입사자와 기존 사원과의 사이에 시너지를 창출하기 위해서는 먼저 '시간 관념'의 공유가 중요하다. 전직 시에 '체내 시계'의 태엽을 돌리지 못하면 아무리 우수한 인재라도 기존 사원과 협동(Collaboration) 하기가 어렵다. 이러한 의미에서 당사의 오리지널 캘린더는 새롭게 들어오는 중도 입사자의 의식을 변혁시키는 데에 커다란 효과를 발휘하고 있다.

종업원들이 얼마나 밀도 높은 시간을 보낼 수 있도록 할 것인가. 회사와 종업원의 'WIN - WIN' 관계 구축은 시간이라는 눈에 보이지 않는 자원의 활용 방법이 그 토대가 된다.

2

회사 구성원의 요건을 규정한 LMI 스타일 카드

■행동·사고 패턴을 명문화하여 공유한다

당사에서는 매월 중도 입사자의 입사식이 거행되고 있는데, 이때 '스타일 카드' 라고 불리는 카드를 지급하고 전원이 그 카드에 자필로 사인을 하도록 하고 있다. 이 카드에는 당사의 종업원 전원이 공유할 필요가 있는 중요한 항목이 몇 가지 기록되어 있다. 사인은 그 항목에 대한 '합의' 를 표명하는 것이다. 내용은 앞면과 뒷면에 각각 '비즈니스 스타일' 과 '워킹 스타일' 이 8개 항목씩 기재되어 있다.

비즈니스 스타일은 다음의 8개 항목이다.
1) 온리 원(Only One) 기업을 목표로 한다
2) 유행에 편승하지 않고 사회의 구조 변화에 주목한다

CHART 31 LMI 스타일 카드

LM LMI Working style

1) 혁신적인 품질을 실현한다
2) 세상의 3개월은 LMI의 1년이다
3) 개방된 커뮤니케이션을 실천한다
4) 모든 것을 처음부터 다시 시작할 수 있는 용기를 가진다
5) 목표에서 거슬러 올라가서 "지금 해야 할 행동"을 결정한다
6) 프레임웍을 중시한다
7) 롤 플레잉을 즐긴다
8) 게임을 하는 것처럼 업무를 하고, 그곳에서 배운다

사원 No. 110001   이름 小笠芳央

LM LMI Working style

1) 온리 원 기업을 목표로 한다
2) 유행에 편승하지 않고 사회의 구조 변화에 주목한다
3) 시장과 고객의 잠재 니즈에 어필한다
4) 세상보다 반 걸음 앞서 간다
5) 항상 자신의 가치 원천을 자문한다
6) 신중하게 고객과 파트너를 선택한다
7) 사회에 대한 정보 공개를 철저히 한다
8) 납세를 통하여 사회에 공헌한다

3) 시장과 고객의 잠재 니즈에 어필한다

4) 세상보다 반 걸음 앞서 간다

5) 항상 자신의 가치 원천을 자문한다

6) 신중하게 고객과 파트너를 선택한다

7) 사회에 대한 정보 공개를 철저히 한다

8) 납세를 통하여 사회에 공헌한다

이상은 기존의 사업을 진화시켜 가거나 혹은 새로운 사업을 전개해 가는 데에 바탕이 되는 기본적 사고를 정리한 것이다. 창업 대표자인 필자에게 만일의 경우가 생기더라도 이들 항목이 계승되어 간다면 커다란 혼란은 일어나지 않을 것으로 판단하고 있다. 대표자 개인에 대한 신봉이 아니라 명문화된 이념으로 묶여진 조직으로 만들어 가고 싶다는 생각에서 정해 놓은 것이다.

워킹 스타일은 다음의 8개 항목으로 구성되어 있다.

1) 혁신적인 품질을 실현한다

2) 세상의 3개월은 LMI의 1년이다

3) 개방된 커뮤니케이션을 실천한다

4) 모든 것을 처음부터 다시 시작할 수 있는 용기를 가진다

5) 목표에서 거슬러 올라가서 "지금 해야 할 행동"을 결정한다

6) 프레임웍을 중시한다

7) 롤 플레잉을 즐긴다

8) 게임을 하는 것처럼 업무를 하고, 그곳에서 배운다

이 항목들은 당사에서 업무를 추진하는 기본적 사고와 행동의

포인트를 기록한 것이다. 표면적인 지식과 기술뿐만 아니라 이러한 사고와 행동 패턴을 공유함으로써 조직 전체의 튜닝(Tuning)에 기여하고 협동하기도 쉬워 진다.

이러한 내용은 채용 면접시에 설명하는 도구로서도 활용할 수 있으며, 일상의 판단과 행동 기준의 근거로 이용되기도 한다. 소위 '크라이테리아 효과' 의 전형이라고 할 수 있다.

3

조직의 DNA를 공유하는 DNA 강좌와 DNA 통신

■조직의 규모가 커질수록 전달 기술이 필요해 진다

조직 구성원 수가 증가하여 창업이래 중요시 여겨 온 사고와 이념이 퇴색되기도 하고 기존에는 상상도 할 수 없었던 문제가 현장에서 발생한다. 10명이나 20명이라면 이심전심으로 서로 이해할 수 있었던 것이 조직의 규모가 커지면 그리 간단치가 않아 진다. 개별 종업원과의 1 : 1 대면 커뮤니케이션도 규모의 확대에 따라 한계가 생기고 조직 내부는 역할별로 팀으로 구분되고 계층화된다. 서서히 매니저나 리더에게 권한을 위임해 가는 프로세스를 밟지 않으면 안 되는 것이다.

그러나 관리자나 리더와의 사이에 충분한 판단 기준을 공유해 두지 않으면 조직 규모의 확대와 함께 에너지가 분산되어 버린다. 경영자뿐만 아니라 관리자의 입장에 있는 사람이 가장 두려워해야 하는 것은 이러한 'DNA'의 단절일 것이다.

당사도 창업해서 얼마 지나지 않았을 때와는 달리 필자가 일상적으로 모든 종업원과 접점을 가지는 것이 어려워지고 있다. 2000년에 7명으로 출발한 당사는 급속히 조직 규모를 확대해 왔다. 그 때문에 앞서 설명한 스타일 카드를 만든 것이지만, 이에 더하여 'DNA'를 전달하는 일상적인 채널로서 'DNA 강좌'와 'DNA 통신'을 구축하여 필자가 직접 컨텐츠를 발신하는 기회를 만들었다.

'DNA 강좌'는 매월 1회의 비율로 평일 밤이나 휴일에 개최하고 있는 자유 참가 연수를 말한다. 강사는 필자 자신이 맡고 있다. 주로 각 부서의 신상품이나 신기술, 혹은 성공 사례 등을 지식화하여 공유하는 것을 주제로 삼고 있는데, 매회 연령과 부서를 혼합하여 그룹을 편성함으로써 부서간, 계층간의 커뮤니케이션 채널이 열려서 종업원 상호간의 이해를 촉진하는 '마사지 효과'와 사례의 공유를 촉진하는 '스크램블 효과'가 발휘되는 부차적인 효과도 거두고 있다.

주제에 따라 3시간에서 12시간 정도의 프로그램 구성으로 진행하고 있는데, 강좌 내용과 일상 업무와의 연계를 도모하는 세션(Session)을 설치함으로써 '날리지 효과'의 극대화를 꾀하고 있다. 또 프로그램에 경영자인 필자의 사업에 대한 생각과 인재 육성에 대한 열의 등을 직접 전달할 수 있는 내용을 포함시키고 있으며, 참가자의 모티베이션 향상이라는 점에서 그 효과는 매우 크다.

'DNA 통신'은 당사의 역사와 유래를 소개하는 리포트로서 매주 월요일에 발신하고 있다. 양은 A4 용지 1장 정도이지만 설립 배경과 사명·로고 마크의 유래, 설립 시에 신세를 진 인물의 소개 등 조직의 규모가 커짐에 따라 새로 입사한 사람에게 잘 전달되기 어려운 이야기들을 지속적으로 발신하고 있다. 창업 당시부터 근무하고 있는 사람과 최근에 입사한 사람을 비교해 보았을 때 '통과체험(通過體驗)의 격차' 는 클 수밖에 없다. 처음부터 있던 사람에게는 "알고 있는 것이 당연한 것" 일지라도 의외로 그것이 전승되어가는 경우는 적다. 최악의 경우에는 왜곡되어 전승되는 경우조차 생긴다.

조직의 규모가 확대되더라도 DNA 통신을 통하여 분명하게 DNA가 공유됨으로써 '크라이테리아 효과' 가 발휘되어 신규 입사자의 전력화도 빨라지고 현장에서의 판단 기준도 흔들리지 않는 효과를 얻을 수 있다. 필자는 조직의 가치 기준을 공유하는 것이 강한 조직을 구축하는 전제 조건이라고 생각한다. 설립 2주년을 맞이한 2002년 4월부터 조직 규모의 확대에 따른 DNA의 퇴색을 사전에 방지하기 위해 시작한 이후 매주 DNA 통신을 발신하고 있다.

4

종업원 지주회를 발전시킨 오너십 제도

■함께 회사를 키워 가는 즐거움을 준다

당사에서는 2002년 10월부터 '오너십 제도'를 도입하여 그룹 회사의 사원에 대해 당사의 오너십을 적극적으로 개방하는 노력을 하고 있다. 사원으로서의 입장에서뿐만 아니라 주주·오너로서의 입장에서도 회사에 대해 몰입함으로써 '자기' 회사의 업적과 가치 증대에 공헌한다는 의식, 그리고 함께 자신들의 회사를 키워 가고 있다는 즐거움을 보다 강하게 가질 수 있도록 하기 위해 도입한 것이다. 즉, 고용된 종업원이라는 관점에서 오너라는 관점으로 변경하는 '롤 플레잉 효과'를 의도한 제도라고 할 수 있다.

또, 회사의 성장과 기업 가치의 증가가 분명하게 주가에 반영되는 시스템을 제공함으로써 사원의 장기적인 자산 형성을 지원해 갈수 있는 제도로서도 정착시켜 가려고 생각하고 있다.

'오너십 제도'를 지탱하는 중심적인 시스템으로는 기존부터 있어 온 '사원 지주회 제도'를 활용하고 있는데, 상기의 목적을 달성하기 위해 여러 가지로 이를 변경·확장하고 지주회 이외의 새로운 시책도 실시하고 있다. 여기서는 그 중에서 특징적인 몇 가지를 소개한다.

먼저 주식을 소유하고 싶어하는 사원에게는 틀림없이 이를 배분할 수 있도록 정기적으로 지주회에 주식을 양도하고 있다. 지주회의 매월 적립금 상한액도 일반적인 회사보다 높게 설정하여 장려금이라는 형태로 보조도 하고 있다. 또, 거의 매월 새로 입사하는 신규 멤버와 기존 멤버 사이에 존재할 수밖에 없는 주식 소유량의 간격을 메울 수 있는 기회를 준다는 의미에서 임시 모집도 빈번히 실시하고 있다. 나아가 사원에 대한 자금 지원의 측면에서 사내 융자 제도도 준비해 두고 있다.

회사의 업적에 대한 공헌이 자신의 자산 형성에 연동되고 있다는 사실을 실감할 수 있도록 하기 위해 매월 '주가 리포트'라는 보고서를 발행하고 있다. 이 보고서에는 월차 결산 베이스로 업적의 상승과 하락, 계획과 달성 상황의 실태 비교, 기업 가치와 주가에 대한 영향, 그 결과를 바탕으로 한 예상 주가 등의 정보를 제공함으로써 전 사원이 이를 공유하고 있다. 사원들은 자신이 보유한 주식 수를 알고 있기 때문에 언제라도 보유 주식의 자산 가치 상황을 파악할 수 있다. 자신의 노력이 어떻게 회사의 업적에 공헌하고 주가에 영향을 미쳤는지, 그 결과가 어떤 식으로 자신의 자산에 영향을 미쳤는지를 직접적으로 실감할 수 있는 시스템이 제공되고 있는 것이다. 주식 공개 이전의 회사가 발휘할 수 있는 장점을 온전히 활용한 제도로서, 경제 상황이나 시장 상황 등 통제 불가능한 외부 요인에 영향을 받는 일 없이 업적이 올라가서 기업 가치가 증가하기만 하면 주가도 연동하여 올라가기 때문에 매우 단순·명확하다. 그러므로 성장기의 젊은 기업인 당사는 사원의 의욕 향상을 직접적인 형태로 연결시키고 있다.

'오너십 제도'에 참가함으로써 회사의 업무 집행 당사자인 사원의 입장은 조직 내부에서 업무를 수행할 뿐만 아니라, 오너의 한 사람으로서 투자가의 관점에서 한 걸음 물러나 회사를 바라 볼 수 있는 기회를 가질 수 있게 된다. 이 제도의 운용에는 중장기적 자금 운용 계획을 빈틈없이 시뮬레이션 해 두어야 한다는 전제 조건이 필요하나, 종업원이 자신의 일상 업무에 대해 회사의 장기적 전략과의 연관을 분명히 이해하고 납득할 수 있다는 점, 그리고 무엇보다 당사자의 의식 양성이라는 측면에서 매우 큰 '커미트먼트 효과'를 가져다 주고 있다.

5

사원들이 서로를 칭찬하는 BMC 챌린지 제도

■쌩스 효과를 실천한다

당사는 우수한 성과를 올린 사람을 표창하는 BMC(Best Motivation Creator)상을 설치 운영하고 있다. 3개월마다 열리는 총회에서 시상하고 있는데, 각 부서에서 추천된 후보자 중에서 임원회의의 심사를 거쳐서 1명이 수상자로 선정된다. 이 상이 소위 '스포트라이트 효과'를 목적으로 실시되고 있는 것이라면, 현장 사원이 참여도를 실감할 수 있는 '커미트먼트 효과'와 공헌도를 느끼도록 하는 '쌩스 효과'를 목적으로 운영되고 있는 것이 'BMC 챌린지 제도'이다. 이 제도는 각 부서에서 종업원들끼리 각각 상대방의 기준에 입각하여 서로 칭찬하도록 하고 BMC 후보로 추천할 부서의 대표 선정을 목적으로 하고 있다. 통상의 인사고과로는 좀처럼 평

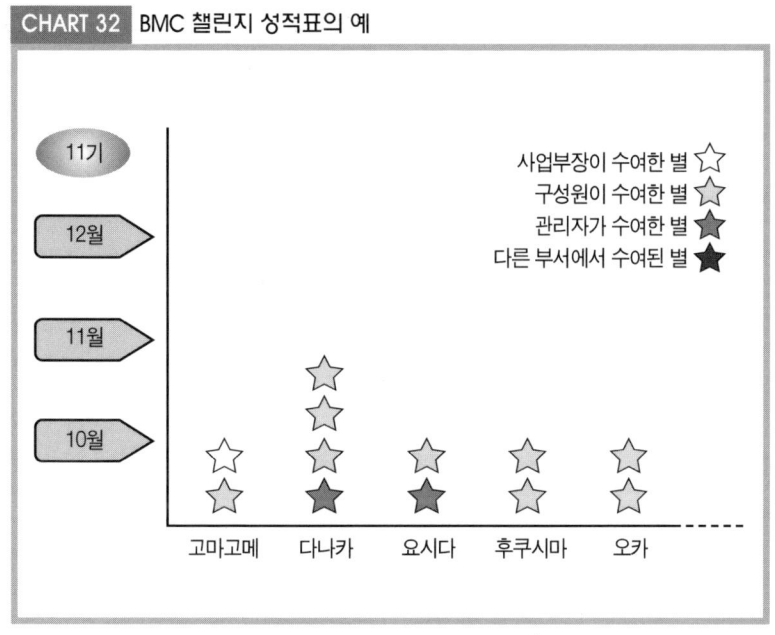

CHART 32 BMC 챌린지 성적표의 예

11기

12월

11월

10월

사업부장이 수여한 별 ☆
구성원이 수여한 별 ☆
관리자가 수여한 별 ★
다른 부서에서 수여된 별 ★

고마고메   다나카   요시다   후쿠시마   오카

가하기 어려운 종업원의 업무 수행 내용이나 모범적 행동을 끄집어 내어 구성원 전원이 공유함으로써 서로의 모티베이션 향상을 촉진하고 있는 것이다.

순서는 먼저, 매월 각 부서에서 자신을 제외하고 가장 열심히 했다고 생각되는 사람을 한사람씩 추천한다. 사전에 준비된 색종이로 만든 별(사업 부장은 금색, 관리자는 은색, 다른 구성원은 노란색)에 그 사람이 잘했다고 생각한 점에 대해 코멘트를 기입한다. 그리고 월말 부서회의 등 부서의 종업원 전체가 모였을 때 순서대로 자신이 선정한 사람의 이름과 선정 이유를 발표하고 준비한 별을 건네준다. 별을 수여할 때는 반드시 모두가 박수로 격려하고 서로 그 일에 대해 칭찬의 목소리를 건넨다.

CHART 33 모티베이션 크리에이터상 트로피

구체적인 사례를 소개하면

"ㅇㅇ팀의 △△입니다. 그럼, 발표하겠습니다"

"제가 이번 달에 선정한 BMC 챌린지는 ◎◎씨입니다"

박수….

"선정 이유인데요, ◎◎씨는 통상적으로 담당하고 있는 지원 업무의 틀을 넘어서 지난번 판촉 세미나에서 고객에게 상품의 설명과 지원을 완벽하게 수행했습니다. 최종적인 고객 앙케이트 평가에서도 대단히 만족도가 높았던 점, 그리고 무엇보다 그 도전 의욕과 고객 대응 스킬에 대해 저 자신 영업 담당자로서 커다란 자극을 받았습니다. 그 감사의 마음을 담아서 제가 준비한 별을 드리고 싶습니다"는 식이다.

　이러한 일련의 수여식을 통하여 별을 받은 사람들 중에는 눈에 보이는 성과는 올리지 못했지만 정말로 열심히 노력하는 자신의 모습을 눈여겨보아 준 동료의 칭찬과 코멘트에 눈물을 글썽이며 감동하는 사원도 많다. 그리고 그것은 다음 일에 대한 커다란 동기 부여 요인으로 작용하고 있다. 또, 비록 별을 받지 못한 사람이 있었다고 하더라도 어떻게 하면 주위 동료로부터 인정을 받을 수 있는지를 생각하게 되는 좋은 계기가 된다. 이와 더불어 다른 구성원들에게도 관심을 가지게 되는 전체적 관점의 중요성을 이해하거나 조직 구성원으로서 업무를 수행하는 데 있어서 각 개인의 스킬과 자세 형성에도 크게 기여하고 있다.

　나아가 현재는 부서간의 연계 강화를 목적으로, 영업 부서와 개발 납품 부서간에 서로 상대방 부서에서 칭찬하고 싶은 사람을 몇 사람 선정하여 핑크색 별을 교환하도록 하고 있다. 이처럼 부서를 넘어선 '상호 칭찬'을 실시함으로써 부서 이기주의(Sectionalism)의 방지와 연계 강화를 위한 '링크 효과'를 목적으로 하는 시스템으로 발전시키고 있다.

6

독자적인 보상 제도 인센티브 빙고

■ 평가 제도에도 약간의 오락성을 갖자

당사에도 금전적 보수를 통한 동기 부여 방법으로서의 인센티브 제도가 있다. 그런데 당사는 '3개월을 1년'으로 삼고 있기 때문에 회사의 업적 관리와 개인의 목표 관리가 모두 3개월 단위로 운영된다. 따라서 인센티브도 부서와 개인의 목표 달성 상황에 따라 3개월 단위로 지급된다. 이와 같은 업적에 따른 인센티브 제도를 도입하고 있는 기업은 드물지 않게 찾아 볼 수 있지만 당사의 경우 그 시스템에 특징이 있다. '인센티브 빙고'라고 불리는 이 시스템의 내용은 다음과 같다.

3개월이 시작될 때 정한 부서(사업 단위)별 매출 목표를 가로 세로 3칸씩, 합계 9칸으로 구성된 격자에 각각 배치한다. 배치 방법은

CHART 34 인센티브 빙고의 예

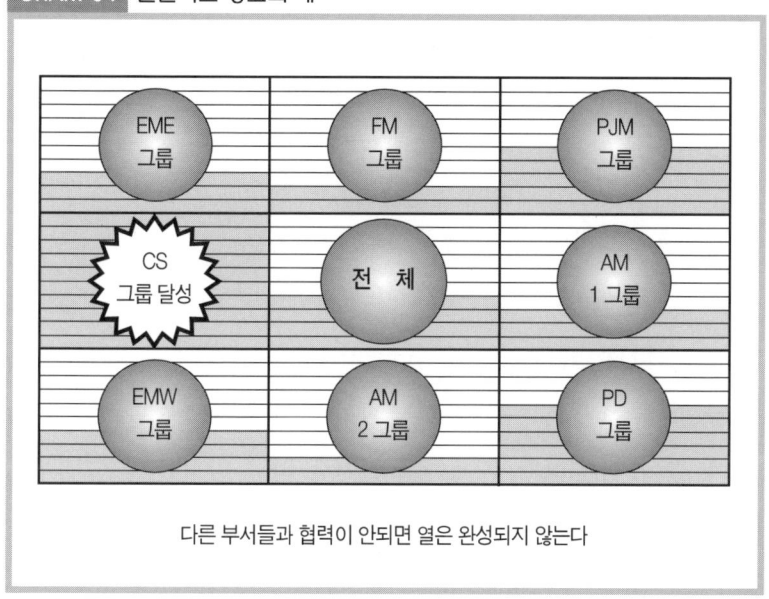

다른 부서들과 협력이 안되면 열은 완성되지 않는다

목표 수치가 큰 순서를 정 가운데, 그 다음은 4개의 코너에 배치하는 것이다.

그리고 빙고 게임 방법에 따라 목표를 달성한 부서의 격자에는 구멍을 뚫는다. 이렇게 하여 구멍이 뚫린 격자가 가로나 세로, 대각선으로 열을 지었을 경우 특별 인센티브를 전원에게 지급한다. 1열 단위로 지급 금액이 정해져 있기 때문에 최대 8열 분의 인센티브를 지급 받을 수 있게 된다. 빙고의 상황은 LMI 일보라고 불리는 사보 (사실은 이 일보가 사내에서 가장 주목도가 높은 사내 미디어이다)로 매일 알려진다. 어느 부서의 격자가 구멍이 뚫릴 것 같은지, 어느 정도까지 목표 달성에 가까이 가고 있는지, 앞으로 조금만 더 노력하면 될 것도 같은지, 아직 멀었는지에 대한 것을 일보라는 미디어를 통하여 마일스톤 효과가 발휘된다. 따라서 회기 중의 중간 상황과 달성까지의 여정을 자연스럽게 안내해 주게 되는 것이다.

회기말이 가까워지면 매일 변화하는 빙고 상황에 일희일비하는 광경이 눈에 띄게 많아진다. 자신이 속해 있는 부서가 목표를 달성하면 부서 구성원들에게 인센티브가 지급되기는 하지만, 열이 완성되지 않으면 큰 금액이 되지 않고 다른 부서와 즐거움을 나눌 수도 없다. 당연히 자기 부서와 같은 열에 배치된 타부서의 달성 상황에도 강한 관심을 가질 수밖에 없다. 자기 부서가 목표를 달성한 후에는 같은 열에 배치되어 있는 타부서의 구성원들에게 "달성할 수 있을 것 같아?" "괜찮지, 기대하고 있어요"라고 압박을 주는 경우도 있고, "뭐 우리가 해 줄 수 있는 게 없을까?"라고 협력하려는 태세를 갖추는 경우도 적지 않다.

최근에는 3개월 단위의 빙고와 함께 마일스톤 효과를 위해 월간 목표를 빙고 게임화 하여 소액이지만 인센티브를 지급하는 방식도 도입했다. 이 제도를 통하여 부서를 넘어서 상호간에 관심을 가지고 서로 자극하며, 서로 협력하는 풍조가 형성되고 있다. 종업원의 관심 범위를 자기 부서에만 머물러 있게 하지말고 회사 전체와 타부서의 상황에도 관심을 가지도록 한다는 점에서 매우 효과적인 방법이라고 생각하고 있다. 또, 금전적 보수가 관련된 것은 '빙고 게임'처럼 일정의 '오락성'이 없으면 '비장감'이 감돌게 되기 쉬워서 서로 밝게 경쟁할 수 있는 풍토를 조성하기 어렵기 때문에 주의할 필요가 있다.

7

개방형 커뮤니케이션을 테마로 한 오피스 환경

■커뮤니케이션을 활성화하는 오피스 환경

당사 오피스는 '2001년 닛케이 뉴 오피스상' 시상식에서 경제산업대신상을 수상했다. 수상 이후 1년 반 동안 약 5,000명이 오피스를 견학하기 위해 방문했다. 어떤 의미에서는 본업보다도 오피스로 더 유명해진 회사일지도 모르겠다.

필자는 예전부터 오피스 환경과 모티베이션의 관계에 큰 관심을 가지고 2001년에 현재의 오피스로 이전할 때, 일을 하는 '장소' 와 '스테이지' 로서의 오피스를 구축하는 데에 상당한 비용을 투자했다. 그것은 단순히 편안한 의자와 책상을 갖춘다는 의미가 아니라 커뮤니케이션을 최대한 '활성화' 하는 데에 역점을 두었던 것이다. 왜냐하면 모티베이션이 높은 조직을 구축하는 데 있어서의 궁극적인 테마는 '커뮤니케이션' 이기 때문이다.

대부분의 비즈니스 퍼슨(Business Person)에게 있어서 모티베이션의 원천이 되는 것은 '돈' 뿐만은 아니다. 상사의 "그 아이디어 좋군" 이라는 말이나, 동료의 "역시 대단하네" 라는 등의 조그만 회화에서 모티베이션이 자극되는 경우도 많다. 사람은 누구나 다른 사람과의 연계 속에서 일에 대한 보람, 나아가서는 삶의 보람을 찾을 수 있다. 사람(人)과 사이(間)를 합쳐서 인간이라는 단어가 되는 것처럼 '사이', 즉 사람과 사람을 연결하는 커뮤니케이션이 중요하다.

당사는 2001년 4월에 현재의 빌딩으로 이전하면서 '개방적 커뮤니케이션' 을 테마로 다양한 장치를 구비한 공간을 만들었다. 10 종류의 미팅 룸에는 각각 테마를 부여하고 위인의 이름을 붙였다. 예를 들면 '논리 · 통합' 을 테마로 하는 푸른 색 룸에는 '아인슈타인', '확산 · 창조' 를 테마로 하는 노란색 룸에는 '다빈치', 그리고 '꿈 · 모험' 을 테마로 하는 빨간색 룸에는 '콜롬버스' 등이다. 이외에도 일본식 룸에는 '료마' , 가볍게 한 잔 할 수 있는 바 카운터가 있는 룸에는 '몬로' 등의 이름을 붙이고 있다. 그리고 각 회의실로 가기 위해서는 '링크 플라자' 라고 불리는 공간을 통과해야 하는 구조로 만들었다. 이 플라자는 '우발적 만남' 을 유발하기 위한 공간으로서, 사원들끼리 혹은 클라이언트끼리의 만남과 대화의 공간이라는 역할을 담당하고 있다.

■업무를 놀이로 인식하면 안 되는가?

일반적인 기업의 오피스는 고도 성장기의 비즈니스 모델, 즉 '서구 추종형' 비즈니스에 입각한 관리형 오피스가 많다. 전략 자체가 서구 기업을 흉내낸 것이어서 무엇을 할 것인지는 이미 결정되어 있기 때문에 남은 것은 열심히 일을 하도록 감시하기만 하면 된다는 발상 하에 만들어진 레이아웃이 많았다. 그러나 앞으로의 시대는 각 개인의 전문성을 전제로 한 협동의 시대이다. 앞으로 더욱 개방적 커뮤니케이션을 고려한 오피스 환경이 중요하게 될 것으로 확신한다.

당사의 오피스는 "노동은 고역이다"는 사고에 대해 반대하는 관점에서 만들어졌다. 우리는 오랫동안 "노동은 고역이다"라는 상식에 익숙해져 왔다. 노동은 "신으로부터 내려진 벌"이기 때문에 "일을 하는 것은 의무이다"라고 생각해 왔다. 그러나 정말로 그런가? 누구나 "일을 하면서 그 과정에서 게임을 할 때처럼 놀이를 한다는 느낌을 가지거나 일의 결과에서 다양한 것을 배운다거나 또는 누군가가 기뻐해 주어서 감동했다"는 등의 경험을 가지고 있지는 않을까. 이러한 경험 속에는 결코 '노동'이나 '의무'라는 말로는 표현할 수 없는 의식이 분명 존재하고 있다. '놀이' '배움' '일하기'가 융합될 수 있는 시간과 공간을 어떻게 기업 조직 내에 창출할 수 있는지에 대한 모티베이션의 문제는 이러한 의식 혁명을 일으킬 수 있는가에 따라 성패가 달려있다고 해도 과언이 아니다. 업무를 통해서 놀이를 하고, 그로부터 배운다는 의식을 만들어 내는 오피스를 구축하기 위한 실험은 앞으로도 계속해 가려고 생각하고 있다.

CHART 35 많은 관심을 받고 있는 LMI의 오피스

'꿈·모험'을 테마로 한 '콜롬버스' 룸

사원들끼리 혹은 외부인들끼리 대화할 수 있는 공간인 '링크 플라자'

8

신선한 자극을 낳는 레이아웃 변경

■전략적 레이아웃 변경

어딘지 모르게 부서 내에 활기가 없고 긴장감 없이 느슨한 분위기가 충만해 있는 상황에서 비교적 간단히 효과를 올릴 수 있는 것이 레이아웃 변경, 소위 자리 바꾸기이다.

조직 변경과 인사 이동이 없고 새로 입사하는 사람도 없을 때 조직은 자극이 없어서 활기가 떨어지게 된다. 이러한 상황에서는 당연히 자리를 늘리거나 줄인다든지 혹은 이사를 할 필요도 없기 때문에 여차하면 1년, 2년씩 부서의 레이아웃이 바뀌지 않는 경우도 있다. 이러한 경우 매일 같은 얼굴을 마주 보면서 업무를 수행하고 눈앞의 풍경에도 전혀 변화가 없게 된다. 자극이 없어지면 모티베이션도 자연히 내려가게 되는 법이다.

당사에서는 체제의 변경이나 큰 인사 이동이 없더라도 3개월마다 대폭적으로 레이아웃을 변경하고 있다. 물론 레이아웃을 변경하는 데에는 시간적, 인적 그리고 당연히 금전적인 비용이 소요된다. 토요일과 일요일에 업자가 작업을 할 수 있도록 하기 위해서는 금요일 오후와 월요일 오전 중에는 정리 때문에 일상 업무를 수행할 수 없다. 토·일요일에도 업자에게만 맡겨둘 수 없어서 누군가는 휴일에 출근하지 않으면 안 된다. 게다가 그 업자에게 지불하는 비용도 만만치 않다. 직원들이 직접 책상을 옮기면 업무를 중지해야하는 시간이 길어져서 고객에게 불편을 끼치게 될 가능성도 없지 않다.

그러나 그러한 비용을 부담하더라도 레이아웃 변경은 그 이상의 효과를 가져다 준다. 가장 큰 효과는 종업원에게 신선한 기분을 선물할 수 있다는 것이다. 집에서 소파의 위치나 침대의 방향을 바꾸는 것만으로도 이사를 한 것과 같은 신선한 느낌을 가졌던 경험이 있을 것이다. 커튼의 색깔을 바꾸는 것만으로도 기분이 전환되는 경험을 할 수 있는 것이다.

이와 마찬가지 효과가 자리 바꾸기를 통하여 얻어진다. 자리 바꾸기, 즉 레이아웃 변경을 통하여 같은 부서 내에서도 앉는 위치와 보는 방향이 바뀌는 것만으로 마치 새로운 부서로 옮긴 것과 같은, 지금까지의 일상과는 다른 분위기를 느낄 수 있는 것이다. 누구든지 새로운 부서로 이동하거나 전직을 통하여 환경이 바뀌면 예전보다 더 열심히 일을 해보자고 감정의 스위치를 전환한다. 레이아웃 변경을 통하여 이동이나 전직에 따른 모티베이션 향상과 비슷한 상황을 만들 수 있는 것이다.

또, 자리를 바꾸게 되면 당연히 한번은 상자에다 자신의 짐을 집어넣게 된다. 따라서 책상 속에서 잠자고 있던 자료나 서류를 정리할 기회가 되기도 한다. 오랜 동안의 현안으로서 뒤로 미뤄왔던 서류가 나올지도 모른다. 이러한 경우에는 그것을 모른 체 하지말고 이번 기회에 처리해 버리자고 '정리정돈'을 유도한다.

현재 진행 중인 업무에 대해서도 불필요한 자료는 폐기하고 우선 순위가 높은 순서로 다시 정렬해 놓는 등 일상 속에서 혼란해져 있는 업무를 리셋할 수도 있다. 이 역시 '심기일전'의 효과라고 할 수 있다.

개중에는 "당장은 필요가 없지만 언젠가는 필요할지도 모르는" 자료와 서류를 하나의 상자에 넣어놓고 "열지 않은 채"로 남겨두는 종업원도 있을 것이다. 이사를 할 때마다 그런 성질의 상자를 늘려가는 종업원마저 있다. 그런 사람일수록 레이아웃 변경은 일을 정리하는 좋은 기회라고 그 의미를 분명히 전달할 필요가 있다.

■주위 구성원이 바뀌는 데 따른 자극

또 레이아웃 변경으로 종업원이 자신의 업무 추진 방법을 되돌아 볼 수도 있다. 실제로 있었던 이야기인데, 어느 신입 사원의 교육을 담당하는 사람은 '자유 방임형'이었다. 그러나 불행하게도 이 신입 사원은 자신이 적극적으로 다른 사람에게 질문을 하는 유형이 아니었기 때문에 좀처럼 업무 수행과 관련된 지식을 익히지 못했다. 상사로부터 매일같이 어떻게 일을 해야하는지 모른다, 주장하고자 하는 것이 무엇인지 모르겠다, 기획서가 기획서 답지 않다는 등의 주의를 받고 있었다.

그런데 입사한지 반년이 지난 후에 레이아웃 변경으로 베테랑 선배 사원과 마주보게 앉도록 자리를 배치했더니 급속히 능력을 발휘하기 시작했던 것이다. 그 선배 사원이 신입 사원에게 조언을 한 것은 결코 아니다. 신입 사원은 그 베테랑 사원이 고객에게 전화를 걸었을 때의 응대 방법, 기획 제안서를 쓰는 방법, 상사에게 제안을 할 때 이야기를 전개하는 방식 등을 가까이서 봄으로써 "이런 식으로 하면 된다"고 이해를 하고, 그것을 자신에게 적용함으로써 급속히 성장할 수 있었던 것이다. 예전에 그 신입 사원이 마주 보고 앉았던 사람은 누구였을까? 전혀 직종이 다른 영업 사무를 담당하는 직원이었다. 업무 수행과 관련해서 앞사람의 모습을 통해 배울 수가 없었던 것이다. 레이아웃 변경이 없었다면 이 신입 사원의 성장에는 훨씬 더 많은 시간이 필요했을 것이다.

이는 극단적인 사례이지만 같은 부서 내에서도 5명 이상의 종업원으로 구성된 부서라면 모든 사람의 업무 추진 방법을 알 수는 없다. 레이아웃의 변경으로 그 전과는 다른 사람과 가까운 자리에 앉으면 그 사람의 업무 추진 방식을 알 수 있는 기회가 된다. 그리고 다른 구성원들의 우수한 부분을 보는 것이 자극이 되는 경우가 많다. 자신의 성과가 왜 올라가지 않는지 그 이유를 찾아내는 종업원도 생겨 날 것이다.

반드시 성공한다고는 할 수 없지만 무작위로 자리를 바꾸는 것이 아니라 "이 사람에게는 이 선배 사원의 이러한 부분을 배우도록 해야겠다"고 전략적으로 자리를 정하는 것도 검토해 볼 필요가 있다.

　이처럼 레이아웃 변경에는 복수의 효과가 있다. 회사가 성장하고 있다면 작위적으로 레이아웃을 변경하지 않더라도 필요에 쫓겨서 조직이 바뀌고 종업원에게 항상 자극을 줄 수가 있다. 그러나 회사가 정체되어 움직임이 적다면 비용이 소요되더라도 모티베이션 향상책의 하나로서 3개월, 반년에 한 번은 레이아웃을 변경하는 것이 바람직하다. 만약, 그런 데에까지 비용을 들일 수 없다면 사무실의 배치를 바꾸지 않고 자리만 바꾸는 것으로도 효과가 있기 때문에 추천한다.

9

모티베이션 조사를 통한 조직의 정기 건강 진단

■무엇이 의욕을 끌어내는지는 개인에 따라 다르다

링크 앤 모티베이션에서는 당사의 조직 진단 상품인 '모티베이션 조사'를 사내에서도 정기적으로 실시하고 있다. 인재 유동화 시대에는 회사가 사원의 의욕을 끌어내는 모티베이션 요소를 파악하여 제공하는 것이 우수한 인재로부터 '선택받는 조직'이 될 수 있는 전제 조건이다. 그러나 어떠한 모티베이션 요소를 요구하고 있는지는 사업 부서와 직종, 계층과 입사 연차 등에 따라 다르다. 또 회사가 놓여 있는 상황과의 관계에 따라서도 변화한다. 이에 따라 당사에서는 정기적으로 종업원이 높은 모티베이션을 유지하면서 업무를 수행하는 데에 어떠한 모티베이션 요소를 중요시하고 각 모티베이션 요소에 어느 정도의 만족감을 가지고 있는지를 파악하는

CHART 36 모티베이션 요소의 분석표

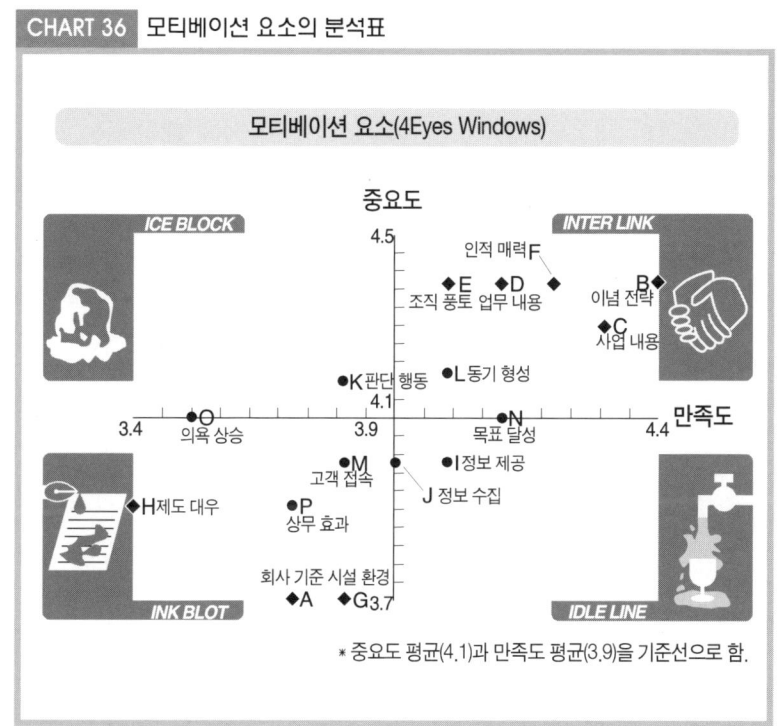

모티베이션 요소(4Eyes Windows)

중요도

ICE BLOCK

INTER LINK

4.5

인적 매력F

◆E ◆D B◆

조직 풍토 업무 내용 이념 전략

C

사업 내용

●K판단 행동 ●L동기 형성

4.1

●O ●N 만족도

3.4 의욕 상승 3.9 목표 달성 4.4

●M ●I정보 제공

고객 접속

J 정보 수집

◆H제도 대우 ●P

상무 효과

회사 기준 시설 환경

◆A ◆G3.7

INK BLOT

IDLE LINE

* 중요도 평균(4.1)과 만족도 평균(3.9)을 기준선으로 함.

조사를 실시하고 있다.

수많은 당사의 클라이언트들도 도입하고 있는 이 진단 기법을 통하여 예를 들면 종업원의 의욕을 불러일으키는 요인은 '대우'라고 경영자는 생각하고 있는데 종업원은 '대우'를 그다지 중요시하지 않고 있으며, 오히려 '회사의 이념'이 불명확하다는 데에 불만을 가지고 있다는 등의 사실이 분명하게 드러나는 경우가 많다. 이처럼 종업원이 자신들의 모티베이션을 향상시키는 데에 "무엇이 중요하다고 생각하고 있는지" "무엇에 만족하고 무엇에 불만을 가지고 있는지"를 명확히 함으로써 구체적인 대책을 강구할 수 있다.

진단의 내용은 대략 그림에서 제시된 항목으로 분류하여 설문 조사 방식으로 질문한다. 질문 항목은 회사 전체에 영향을 미치는 경영 측면의 내용(BIRD'S VIEW)과 직장 영역에 해당되는 현장 측면의 내용(INSECT'S VIEW) 등 두 가지로 나누어져 있다. 각각 종업원의 모티베이션에 영향을 미치는 요소를 8개 항목, 합계 16개 항목으로 분해하여 중요도와 만족도 등 두 개의 축으로 편집하면 조직이 안고 있는 모티베이션 상의 문제가 명확히 드러나게 된다.*)

당사에서 실시한 조사 결과에 따르면 '이념 전략'에 대한 공감을 가장 중요시하는 걸로 나타났고 만족도도 높았다. '제도 대우' 등의 취업 조건은 그다지 중요시하지 않지만 약간 개선할 필요가 있다는 것으로 드러났다.

이러한 일련의 노력은 종업원의 '마음'에 대한 마케팅이라고 할 수 있다. 모티베이션 매니지먼트를 실천하기 위해서는 종업원의 마음의 소리를 듣지 않고서는 아무것도 할 수 없다. 조직의 건강 상태를 정기적으로 파악하는 의미에서, 또 최소 비용으로 최대 효과를 올릴 수 있는 모티베이션 시책을 발견한다는 의미에서 정기적인 모티베이션 조사는 빼놓을 수 없는 시책이라고 할 수 있다.

---

*) 자세한 내용에 대해서는 저자가 쓴 『모티베이션 컴퍼니』(일빛 출판)를 참고 : 역주

조직론과 관련하여 과거에는 기업 조직을 합리적인 환경 적응적 생물체라고 보는 시각이 지배적이었다. 즉 기본적으로 조직체는 현재의 당면한 환경에 적합한 전략을 추구하며, 그 과정에서 전략 수행에 적합하도록 조직 구조와 경영 체계, 경영 행동을 형성해 나가면서 진화한다고 보았던 것이다. 그러나 오늘날에는 이처럼 조직체를 단순한 합리적 시스템이라고 보지 않는다. 조직에 속해 있는 구성원들의 다양한 목적이 결합된 시스템이 현대에 있어서 일반적인 조직론의 출발점이라고 할 수 있다. 이는 조직이 환경에 적합한 전략을 추구하는 데에 구성원들이 장애 요소로 작용할 수 있음을 의미한다. 환경 변화에 적합한 전략보다는 오히려 기존의 내부 조직 구조와 경영 체계에 적합한 전략을 추구하게 되는 경우가 발생하는 것이다. 이러한 경향이 결국 조직체를 점차로 방어적이고 폐쇄적으로 이끌어서 결과적으로 경영 성과의 저하를 초래하고 조직 구성원들의 사기를 떨어지게 함으로써 조직이 침체에 빠지게 되는 것이다. 환경은 끊임없이 변화하기 때문에 일단 조직이 침체에 빠지면 활력을 되찾기는 좀처럼 어려워진다. 그리고 조직 구성원들은 모티베이션이 끝없이 하락하여 조직 목표보다는 개인의 이익을 추구하는 방향으로 내닫게 된다. 최근 우리 기업 현장에서 이러한 조직 활력의 저하를 우려하는 목소리가 높다. IMF 이후 두드러지게 나타나는 현상이기도 하다.

IMF 관리 체제하의 경영 위기 상황에서 우리 기업이 생존을 위하여 시도한 구조 조정의 초점은 주로 인력 감축에 맞추어졌다. 대규모 정리 해고로 인해 조직과 개인간의 관계 유지 지속성이 붕괴된 것이다. 기업은 이를 통하여 인력을 합리적으로 재배치할 수 있게 되었고, 노동 유연성의 확보와 잉여 인력 방출에 의한 비용 절감을 실현하는 장점을 얻었다. 반면에 구성원들이 단기 성과에 집착하고 조직에 대한 몰입도가 저하된다는 단점 또한 나타나게 되었다. 평생 직장 개념이 붕괴되어 고용 보장이 소멸됨으로써 구성원들의 회사에 대한 충성심이 급격히 저하 되었다. 또한, 성과주의 인사 시스템의 성급한 도입도 종업원들의 의욕을 저하시키고 있다. 자사의 기업 문화와 특성에 어울리지 않는 서구식 경영 기법의 무분별한 도입이 구성원들의 가치관 혼란을 초래하게 되었고 조직 목표를 향한 일체감 형성에 장해 요인으로 작용하는 경우가 발생하게 된 것이다. 이제 조직의 리더들에게 있어서 조직 목표 달성을 하려면 어떻게 구성원들에게 동기를 부여하고 활력을 되찾게 할 것인지가 시급한 당면 과제로 대두되고 있다.

조직을 활성화해야 하는 이유는 현재의 조직이 침체에 빠져있기 때문만은 아니다. 요즘처럼 경영 환경이 급변하는 시대에 대처하기 위해서는 조직의 활성화가 반드시 필요하다. 조직 구성원의 활력은 그들의 모티베이션을 어떻게 유지할 것인가의 문제와 직결된다.

경영학의 고전에 속하는 두 가지 요인(동기 부여 요인과 환경 요인) 이론에서 허즈버그(Frederick Herzberg)는 진정한 동기 부여란 성취감은 물론 개인적 발전과 업무 만족, 그리고 인정받는 것으로부터 생겨난다고 말했다. 그 목적은 보상이나 압력을 통해서가 아니라 업무 자체를 통해서 사람들에게 동기를 부여하는 것이 되어야 한다.

그런 점에서 이 책은 우리에게 유용한 도구를 제공해 준다. 저자는 기업과 개인간의 관계가 상호 구속적인 관계에서 선택적인 관계로 바뀌고 있으며, 이로 인하여 과거 종업원의 모티베이션 요소였던 금전적 보수와 지위적 보수가 더 이상 조직 몰입도를 높이는 요인으로 작용하지 않는다고 주장한다.

이제 막 일선 부서에서 과장으로 승진한 관리자들은 리더십을 발휘하라는 이야기를 많이 듣는다. 그리고 현대의 리더십은 명령하고 지시하는 것이 아니라 부하를 육성하고 그들의 성장을 도와주는 역할이어야 한다. 그러나 어떻게? 문제는 'How to'이다. 조직 목표의 달성을 위해서는 구성원들 각자가 그에 대한 주체 의식을 가지고 서로 협동하는 자세가 필요하다. 이 책은 그것을 불러일으키는 방법(How to)을 구체적으로 제시하고 있다는 점에서 기업 현장의 관리자들이 활용할 수 있는 실무 지침서와 같다.

결국 높은 성과를 올릴 수 있는 조직으로 탈피하는 데에 있어서

핵심은 사람이다. 이 책을 통해 조직 구성원들이 자신의 업무에 충분히 몰입할 수 있도록 동기를 부여함으로써 여러분의 조직이 활력 넘치는 조직으로 탈바꿈할 수 있기를 기대한다.

　마지막으로 이 책을 번역하는 데에 많은 도움을 주신 일빛 출판사 여러분과 나의 가족에게 감사의 말씀을 드린다. 그리고 수많은 기업체와 지방자치단체의 조직 활성화 연수 프로그램을 운영하면서 얻은 경험을 바탕으로 조언을 마다하지 않은 현대경제연구원 인재개발본부 직원 여러분들에게도 감사드린다.

2003년 12월
현창혁

일할 맛 나는 경영 경쟁력 있는 회사

펴낸곳 도서출판 일빛
펴낸이 이성우
지은이 오자사 요시히사
옮긴이 현창혁

등록일 1990년 4월 6일
등록번호 제10-1424호

초판 1쇄 인쇄일 2004년 2월 10일
초판 2쇄 발행일 2007년 9월 10일

주소 121-837 서울시 마포구 서교동 339-4 가나빌딩 2층
전화 02) 3142-1703~5 팩스 02) 3142-1706
E-mail ilbit@unitel.co.kr

값 10,000원
ISBN 89-5645-037-4 (03320)